KB054101

말 한마디로 억만장자가 된 사람들

말 한마디로
억만장자가 된 사람들

초판 1쇄 인쇄 2020년 5월 11일
초판 1쇄 발행 2020년 5월 18일

지은이 | 김옥림
펴낸이 | 임종관
펴낸곳 | 미래북
편 집 | 정광희
본문 디자인 | 디자인 [연:우]
등록 | 제 302-2003-000026호
본사 | 서울특별시 용산구 효창원로 64길 43-6 (효창동 4층)
영업부 | 경기도 고양시 덕양구 화정로 65 한화오벨리스크 1901호
전화 02)738-1227(대) | 팩스 02)738-1228
이메일 miraebook@hotmail.com

ISBN 979-11-88794-61-4   03320

말 한마디로 억만장자가 된 사람들

인생을 성공으로 이끄는 긍정적인 말의 힘　김옥림 지음

MIRAE
BOOK

기적을 부르는 결정적인 말 한마디

동서고금을 막론하고 한마디 말로 인생을 성공적으로 살았던 사람들, 그리고 현재를 살고 있는 사람들, 그들은 인생을 살아가는 데 있어 말이 얼마나 중요한 수단인지를 잘 알고 행함으로써 자신의 인생을 '빛'이 되게 했다.

그렇다면 자신의 인생을 빛이 되게 한 사람들은 어떻게 말하고 행동함으로써 자신의 인생을 성공적으로 썼는지에 대해 알아보는 것은 지금을 살아가는 우리에게 매우 큰 의미일 것이다.

성공적인 인생을 살았던 사람들이나 살고 있는 사람들이 가장 중요하게 생각한 것은 상대의 마음을 사로잡음으로써 자신의 뜻을 관철시키는 것이었으며, 그 수단으로 삼은 것이 '말'이다. 즉 상대의 호감을 사는 말을 때와 장소, 시기와 상황에 따라 적절하게 구사함으로써 자신의 뜻을 관철시켰던 것이다.

상대로부터 호감을 사기 위해서는 어떻게 말해야 할까.

첫째, 상대에게 강한 믿음과 확신을 심어주어야 한다. 강한 믿음과 확신을 심어주게 되면 어떤 것을 부탁하더라도 들어주게 되고 자신이 무엇을 맡기더라도 안심하게 된다. 둘째, 상대가 듣고 싶어 하는 말을 하는 것이다. 사람은 누구나 듣고 싶은 말을 하는 사람을 좋아하고, 그와 함께 있으면 마음이 즐겁고 긍정적인 에너지가 생성된다. 그래서 그와 가까이 지내기를 바라게 된다. 셋째, 상대가 기분 좋게, 친절하게 말을 하는 것이다. 친절한 말은 상대를 기분 좋게 함으로써 마음을 평안하게 하고 따뜻하게 한다. 그래서 친절한 사람은 누구에게도 거부감을 주지 않는다. 넷째, 진정성이 살아 흐르는 말을 하는 것이다. 진정성 있는 말은 진실 되고 성실한 마음을 담고 있어 무슨 말을 하더라도 상대가 믿게 된다. 믿음이 형성되면 팥으로 메주를 쑨다고 해도 상대가 믿게 된다. 다섯째, 예의 있고 품격 있게 말하는 것이다. 예의 있고 품격 있는 말은 상대가 존중 받는다는 느낌을 갖게 하고, 그로 인해 말하는 자신 또한 상대로부터 존중받게 한다. 서로가 존중하는 사이가 되면 인간관계는 더욱 부드럽고 친밀감을 갖게 됨으로써 아름다운 인간관계를 오래토록 이어가게 된다. 여섯째, 상대로부터 공감을 불러일으키는 말을 하는 것이다. 상대는 공감하게 되면 자신과 생각이 잘 통한다고 여겨 소통하기 좋은 사람이라고 생각하게 된다. 그리고 그와 함께 잘 지내기를 바라게 됨으로써 좋은 관계를 이어가게 된다. 일곱째, 꿈으로 가득 찬 말을 하는 것이다. 꿈으로 가득 찬 말은 긍정의 에너지가 넘치고, 미래지향적이고, 생산적이고 창의적이어서 상대에게 진취적인 마음을 심어준다. 그로 인해 상대는 그를 희망적이고 건설적인 사람이라고 여겨 그와 잘 지내길 바라게 된다. 그리고 무엇을 하더라도 그와 함께하기를 바라게 된다.

상대의 호감을 사는 말 일곱 가지에서 보듯 긍정의 에너지가 넘치고, 꿈과 희망이 넘치고, 기분을 끌어올리고, 공감하게 하고, 믿고 신뢰하게 하는 말은 인간관계에 있어 매우 중요하게 작용한다. 즉, 상대의 호감을 사는 말은 기적을 부르는 결정적인 역할을 한다. 그래서 사람은 누구나 이런 말을 하는 사람을 좋아하고 그를 필요로 한다.

이 책에는 가난하고 배우지 못했지만 에디슨의 마음을 움직여 성공의 삶을 쓴 에드윈 C. 번즈, 일개 노동자에서 세계 최고 철강회사인 U. S 철강의 CEO가 된 찰스 스왑, 영국 최고의 시인 로세티의 마음을 사로잡아 작가로 성공한 홀 케너, 제리의 마음을 움직여 세계 최고 커피 브랜드인 스타벅스의 CEO가 된 하워드 슐츠, 병마를 이겨내고 1992년 바로셀로나 올림픽 여자 100미터에서 금메달을 목에 건 게일 디버스, 미국 최대의 민간은행인 뱅크 오브 아메리카를 설립한 아마데오 피터 자니니, 가난한 소년공에서 영국 최고의 작가가 된 찰스 디킨스, 자기만의 건축세계를 창조한 세계적인 여성건축가 자하 하디드 등 자신의 인생을 '성공의 꽃'으로 활짝 꽃 피운 이들의 뜨거운 인생 이야기가 담뿍 담겨 있다.

이처럼 기적을 부르는 결정적인 말 한마디는 미사여구로 포장한 화려하고 멋진 말이 아니다. 소박하고 꾸밈은 없지만 진솔하고 따뜻하고, 상대가 듣고 싶어 하는 말이다.

만일 당신이 누군가의 마음을 움직여야 한다면, 진심을 다해 당신의 진정성을 보여주어라. 누군가가 당신의 진정성을 알게 된다면 당신이 원하는 것을 얻게 될 것이다.

그렇다. 기적을 부르는 말 한마디는 단순한 말이 아니다. 그것은 그 어떤 것보다도 가치가 큰 '자산'이다.

이 책을 손에 든 순간, 그리고 한 편 한 편 읽어나갈 때마다 당신의 가슴엔 뜨거운 열망이 가득 타오르게 될 것이다. 이 책은 당신에게 '나도 할 수 있다'는 꿈과 희망이 되어 줄 것이기 때문이다.

이 책을 대하는 모든 이들에게 '축복의 문'이 활짝 열리기를 기원한다.

김옥림

CONTENTS

PROLOGUE
기적을 부르는 결정적인 말 한마디 *4*

로세티를 감동시킨 홀 케너의 한 통의 편지

01 나폴레온 힐과 29초   *15*

02 에디슨과 에드윈 C. 번즈   *22*

03 찰스 스왑과 U.S 철강   *28*

04 프랭클린 루스벨트의 영혼을 움직인 말 한마디   *35*

05 로세티를 감동시킨 홀 케너의 한 통의 편지   *41*

06 조지 이스트만과 제임스 아담슨   *47*

07 사이루스 H. K. 커티스의 원고 청탁법   *54*

08 허버트 조지 웰스와 77권의 책   *60*

09 찰스 스왑을 사로잡은 윌리엄스의 말   *67*

10 꿈으로 가득 찬 말   *72*

뱅크 오브 아메리카 설립자 아마데오 피터 지아니니

11 애플도어사 회장을 사로잡은 정주영의 뚝심   *81*

12 제리의 마음을 움직인 하워드 슐츠의 열정   *89*

13 골든 롤 매거진 편집장의 성공비결   *97*

14 윌리엄 듀런트를 감동시킨 은행원 캐롤 다운즈   *103*

15 보험왕 에드워드 초우트의 말   *110*

16 뱅크 오브 아메리카 설립자 아마데오 피터 지아니니   *115*

17 자신을 격려함으로써 유명 만화가가 된 찰스 슐츠   *120*

18 동기부여가 짐 론과 앤서니 라빈스   *126*

19 올림픽 금메달리스트 게일 디버스가 쓴 금빛 성공   *132*

WORDS THAT CHANGE YOUR LIFE CHAPTER 3

웨인 칼로웨이가 인드라 누이를 사로잡은 말

20 고객을 사로잡은 낸시 오스틴의 말   143

21 자기만의 건축세계를 창조한 자하 하디드   148

22 억만장자 하워드 휴즈와 청년 멜빈 다마   154

23 쉘 석유회사 창업주 마커스 새뮤얼의 성공비법   160

24 현대무용의 개척자 이사도라 덩컨의 말   166

25 웨인 칼로웨이가 인드라 누이를 사로잡은 말   172

26 가이드 포스트와 더크 부인   179

27 나다니엘 호손과 아내의 말 한마디의 힘   185

28 제임스 캐시 페니와 조지 부슈넬   190

프리드리히 헨델과 시인 찰스 제네스

29 프리드리히 헨델과 시인 찰스 제네스 199

30 앤드류 잭슨과 어머니의 사랑의 말 205

31 존 그라인의 열정적인 진정성 210

32 세계 오페라계의 프리마돈나 체칠리아 바르톨리 성공의 원천 216

33 영국의 명정치가 글래드 스턴과 아버지 222

34 찰스 디킨스를 영국 최고의 작가로 만든 말 228

35 앤드류 카네기의 마음을 움직인 작은 말 한마디 234

36 호텔이 총지배인 조지 C. 볼트 241

37 101세에 22번째 개인 전시회를 연
해리 리버만의 놀라운 인생 이야기 247

부록 | 말 한마디로 인생을 바꾼 사람들의 프로필 253

WORDS THAT CHANGE YOUR LIFE CHAPTER 1

로세티를
감동시킨

홀 케너의
한 통의 편지

나폴레온 힐과 29초

네, 그 일을 제가 한번 해 보겠습니다.
- 나폴레온 힐

미국의 탁월한 자기계발 동기부여가이자 명저 《생각하라, 그러면 부자가 되리라(원제 : Think and Grow Rich)》저자인 나폴레온 힐Napoleon. 그는 청년 시절엔 평범한 젊은이에 불과했다. 글쓰기를 좋아했던 그는 지역의 여러 신문과 잡지사에 글을 기고하면서 작가의 꿈을 키웠다. 그러는 가운데 그는 변호사가 되기 위해 대학에 입학하였지만, 학비와 생계를 위해 잡지사의 기자가 되었다. 그는 자신의 일에 열정을 갖고 열심히 발품을 팔며 새로운 기사거리를 찾아다녔다.

그러던 어느 날 세계 최고 부자인 앤드류 카네기를 취재하게 되었다. 카네기와의 만남은 그의 인생을 완전히 바꾸어 놓는다.

나폴레온 힐이 카네기를 취재하던 중 카네기가 그에게 한 가지 제안을 했다.

"여보게 힐군, 내가 자네에게 한 가지 제안을 하려고 하네."

"무, 무슨 말씀이신지?"

나폴레온 힐은 카네기의 제안이 무엇인지 궁금해서 떨리는 목소리로 대뜸 이렇게 말했다. 더구나 그는 세계 제일의 부자 카네기가 아닌가. 그런 그가 보잘것없는 자신에게 제안을 한다고 하니 가슴이 두근거렸던 것이다.

카네기는 빙그레 웃으며 그를 바라보고는 다음과 같이 말했다.

"나는 한 가지 하고 싶은 일이 있다네. 이것은 내 인생에서 아주 중요한 목표이기도 하지. 그것은 내가 성공할 수 있었던 나의 성공철학을 완성하여 부자가 되고 싶어 하는 사람들에게 전해주는 일일세. 나는 나의 이런 계획을 연구하는 데 20년 동안 시간과 공을 들일 젊은이가 필요하다네. 나는 이미 250여 명의 젊은이들과 만남을 가졌지."

카네기는 이렇게 말하며 아무리 가진 게 없는 사람일지라도 마음만 먹으면 얼마든지 부자가 될 수 있는 철학이 있다며 3일 밤낮으로 나폴레온 힐에게 자신의 생각을 말해주었다. 그리고 나폴레온 힐에게 자신의 계획을 완성시킬 수 있는 기회를 주고, 도움을 줄 만한 사람들을 소개해주겠다고 말했다. 그러고 나서 카네기는 힘주어 말했다.

"어떤가, 힐군. 자네가 이 일을 맡아서 해보겠는가."

카네기의 말에 나폴레온 힐은 잠시 머뭇거리더니 확신에 찬 목소리로 말했다.

"네, 그 일을 제가 한번 해 보겠습니다."

"그래, 좋은 생각이네. 그럼 자네에게 그 일을 맡기겠네."

"네, 감사합니다."

나폴레온 힐의 말에 카네기는 만족한 미소를 지었다. 자신이 듣고 싶어 했던 말을 단 29초 만에 그가 했던 것이다. 그동안 카네기가 만났던 젊은이들은 하나같이 망설이고 자신 없는 표정을 지었지만, 나폴레온 힐은 달랐던 것이다.

카네기는 60초 안에 자신의 말에 답을 해주기를 바랐는데, 이는 즉시 결정을 하지 못하면 아무리 뛰어난 재능을 지녔다 해도 일을 성공시키는 데 문제가 있다는 것을 자신의 오랜 경험에서 터득한 지혜였다. 그런데 나폴레온 힐이 29초 만에 대답을 했으니, 그가 만족해 한 것은 당연한 일이었다. 그리고 카네기는 또 한 가지 단서를 달았다.

"자네가 20년 동안 이 일을 연구하고 완성하는 데 있어, 보수도 그 어떤 지원도 해 줄 수 없네. 지금껏 자네가 생활해왔듯이 자네 힘으로 생활비를 벌면서 연구해주기 바라네. 그렇게 할 수 있겠는가?"

카네기의 말을 듣고 나폴레온 힐은 머리가 멍해지는 느낌을 받았다. 적어도 지원을 해줄 줄 믿었기 때문이다. 그런데 한 푼도 지원해 줄 수 없다고 하니, 그로서는 힘이 빠지는 일이었다. 그런 나폴레온 힐의 모습을 보고 카네기가 말했다.

"힐군, 내가 지원을 해주기 싫어서가 아니라, 보상을 바라지 않고 자네가 이 일을 잘 해낼 수 있는 그릇이 될 수 있는지를 알고 싶어서라네. 왜냐하면 성공한 사람들 대부분은 하나같이 보상을 바라는 대신 즐겁게 그 일을 하였고, 좋은 결과를 얻었기 때문일세. 내 말 이해하겠지?"

"네, 잘 알겠습니다."

카네기의 의도를 알고 난 나폴레온 힐은 이렇게 말하며 자신감을 내비쳤다.

"대답이 시원해서 좋구먼. 나는 자네가 반드시 잘 해내리라 믿네."

카네기는 이렇게 말하며 환하게 웃었다. 그 후 나폴레온 힐은 이 일의 성공을 위해 분주히 움직이며 뛰고 또 뛰었다. 그러는 가운데 카네기가 바라는 성공철학을 하나씩 하나씩 완성시켜 나갔다. 물론 힘든 일도 많았고, 어떨 땐 내가 왜 이 일을 사서 고생하나 하는 생각도 했지만 포기하지 않고 끝까지 해낸 끝에 마침내 '성공철학'을 완성해 냈다. 그렇게 해서 쓰여진 책은 모두 8권으로 그중 《생각하라, 그러면 부자가 되리라》가 가장 성공을 거둔 '성공의 바이블'이라고 할 수 있다. 이 책이 출판되자 센세이션을 일으켰고, 전 세계적으로 널리 퍼져나갔다. 이 책은 무명의 나폴레온 힐을 단박에 유명인으로 만들어주었으며, 그는 추앙받는 자기계발 권위자가 되었다. 그는 책을 쓰고 강연을 하는 등 몸이 열 개라도 모자랄 만큼 바쁜 나날을 보내며 자신의 이름을 미국출판역사에 확실하게 각인시켰다.

나폴레온 힐의 주요 저서로 《성공하는 사람들의 13가지 행동철학》, 《결국 당신이 이길 것이다》 외 다수가 있는데 책마다 큰 성공을 거뒀다. 그는 지원을 한 푼도 받지 않았지만 카네기 말대로 즐겁게 그 일을 해냈기에 엄청난 성공을 거둔 것이다.

여기서 분명히 알아야 할 게 있다. 무명의 나폴레온 힐이 크게 성공할 수 있었던 것은 바로 카네기의 마음을 움직인 말 한마디였다.

"네, 그 일을 제가 한번 해 보겠습니다."

이 말 한마디는 그에게 천문학적인 부와 명성을 안겨주었다. 카네기로부터 먼저 제안을 받았던 250명의 젊은이들을 뛰어넘어 행운은 그를 선택했던 것이다. 만일 250명의 젊은이들 중 어느 누가 60초안에 자신이 하겠다고 했다면 오늘날 나폴레온 힐은 존재하지 않았을 것이다.

사람의 마음을 움직이는 것은 그 사람의 말과 행동이다. 말을 아무리 청산유수로 한다 해도 행동이 바르지 않으면 상대방의 마음을 사지 못한다. 또한 행동이 발라도 말에 진정성이 없으면 상대방의 마음을 사지 못한다.

말과 행동이 일치될 때 상대방은 그 사람에게 감동하게 되고, 자신의 마음을 열어 보인다.

만일 당신이 누군가의 마음을 얻고 싶다면 그 사람을 감동시켜야 한다. 그 사람이 듣고 싶어 하는 말을 할 때, 그 사람은 당신에게 감동하게 되고 당신의 열렬한 지원자가 되어줄 것이다.

Long Hard Think

:
:
:

사람들은 누구나 자신의 생각을 따라주는 사람을 좋아한
다. 특히, 목적을 가지고 무언가를 제안할 때 그것을 받아
들인다면 더더욱 좋아한다. 자신의 생각이 인정받는다고
생각하기 때문이다. 누군가가 진지하게 무언가를 제안할
때는 진정성을 갖고 대하라. 그것은 때론 생각지도 못할 큰
'기쁨'을 선물로 안겨줄 것이다.

에디슨과 에드윈 C. 번즈

네, 선생님. 저를 이 연구소에서 일하게 해주십시오.
그러면 제 말대로 선생님도 저도 반드시 잘 되리라 굳게 믿습니다.

- 에드윈 C. 번즈

아무것도 가진 것이 없는 빈털터리 사내가 있었다. 하지만 그의 가슴속에는 원대한 꿈이 있었다. 그것도 아주 선명하고 구체적인 꿈이었다. 그 꿈은 발명왕 에디슨과 공동사업을 하는 것이었다.

가진 것 하나 없는 그의 꿈은 마치 뜬구름 잡는 것과 다름없었다. 사실 그에게는 에디슨 연구소가 있는 뉴저지 주의 이스트오렌지까지 가는 기차 삯도 없었다. 그리고 설령 에디슨을 찾아간다고 해도 그가 만나줄지도 모르는 일이었다.

하지만 그의 꿈은 너무도 확고했다. 그의 꿈은 날마다 가슴에서 불타고 있었다. 그는 기차표를 구한 끝에 에디슨을 만나러 갔다. 그는 초라한 몰골을 하고 있었지만 그의 눈은 새벽하늘의 샛별처럼 반짝이고 있었다.

"에디슨 선생님을 만나 뵈러 왔습니다."

그의 말을 듣고 에디슨 연구소 직원은 고개를 갸웃거렸다. 그의 차림새로 보아 에디슨을 만날 만한 사람이 아니라고 생각한 것이다. 사내는 자신은 에디슨을 꼭 만나야 한다고 말한 끝에 가까스로 에디슨과 자리를 함께했다.

"선생님, 저는 선생님과 공동사업을 하고 싶어 먼 길을 찾아왔습니다."

"나와 공동사업을 하기 위해 찾아왔다고요?"

에디슨은 남루한 그의 모습을 보고 그의 말에 진정성이 있는지를 살펴보았다.

"네, 선생님. 저를 이 연구소에서 일하게 해주십시오. 그러면 제 말대로 선생님도 저도 반드시 잘 되리라 굳게 믿습니다."

사내의 말은 강한 확신으로 차 있었다. 에디슨은 그의 눈빛에서 강하게 이글거리는 간절한 꿈을 읽을 수 있었다.

"좋습니다. 당신을 채용하겠습니다. 당신의 능력을 기대하겠습니다."

에디슨은 그를 연구소에서 일하게 했다.

"감사합니다, 선생님. 반드시 좋은 결과를 보여드리겠습니다."

사내는 이렇게 말하며 활짝 웃었다.

그날부터 사내는 자신이 할 수 있는 일을 차근차근 열심히 해나 갔다. 그런데 몇 달이 지나도록 자신이 생각한 기회가 오지 않았 다. 하지만 그는 실망하지 않았다. 반드시 기회가 오리라 굳게 믿 었다. 사내는 하루하루를 더욱 활기차게 생활해 나갔다. 그러한 그의 모습은 에디슨에게 강한 믿음을 심어주었다.

그러던 어느 날 그의 꿈을 이룰 수 있는 기회가 찾아왔다. 에디 슨은 신제품인 '축음기'를 만들고 있었는데 드디어 완성한 것이 다. 그런데 에디슨 연구소 마케팅 직원들은 이 제품에 대해 그다 지 호감을 갖지 않았다. 그러나 사내의 생각은 달랐다.

'그래, 바로 이거야. 이 제품이 나에게 기회가 되어 줄 거야.'

사내는 이렇게 생각하며 쾌재를 불렀다. 그는 지체 없이 에디슨 연구실로 갔다.

"선생님, 제가 축음기를 한번 팔아보겠습니다."

"그래요?"

"네. 그런데 한 가지 조건이 있습니다."

"조건이요? 그게 무엇입니까?"

조건이 있다는 사내의 말에 에디슨이 말했다.

"저, 제가 판매함에 있어 좋은 성과가 있으면 그에 상응하는 대 가를 지불해주십시오."

사내의 목소리는 강한 확신으로 차 있었다. 그를 넌지시 바라보던 에디슨은 분명한 목소리로 말했다.

"좋습니다. 좋은 성과가 있으면 반드시 그에 상응하는 대가를 지불하겠습니다."

"고, 고맙습니다. 반드시 좋은 성과를 내도록 하겠습니다."

에디슨으로부터 약속을 받아낸 사내는 이미 자신의 꿈을 이룬 것처럼 말했다. 에디슨이 그의 조건을 수락한 것은 그가 판매를 잘해주면 그만큼 자신에게도 그만한 수익이 돌아오기 때문이었다.

사내는 뛰어난 판매능력을 보이며 엄청난 판매성과를 냈다. 그로 인해 에디슨의 축음기는 널리 알려지게 되었고, 그만큼 판매실적도 올랐다. 에디슨은 사내와의 약속대로 그에게 전국 판매권을 주었다. 사내는 놀라운 판매실적을 올린 끝에 에디슨과 공동경영자가 되었으며 큰 부자가 되었다. 마침내 자신의 꿈을 이뤄낸 것이다. 사내의 이름은 에드윈 C. 번즈이다.

"생각하는 대로 살지 않으면 사는 대로 생각하게 된다."

프랑스 시인 폴 발레리의 말처럼 번즈는 생각하는 대로 살았기 때문에 생각하는 대로 꿈을 이룰 수 있었다.

에디슨이 처음 본 번즈를 연구소에 채용하고 그의 뜻대로 축음기 판매를 맡겼던 것은 그의 확신에 찬 말 때문이었다.

"네, 선생님. 저를 이 연구소에서 일하게 해주십시오. 그러면 제 말대로 선생님도 저도 반드시 잘 되리라 굳게 믿습니다.”

번즈의 말엔 에디슨의 마음을 강하게 끄는 힘이 있다. 마치 채용을 안 하면 안 될 것 같은 강한 믿음이 살아 움직인다. 또한 그를 믿으면 자신이 잘 될 것 같다는 강한 확신을 받았던 것이다. 이처럼 말 한마디의 힘은 무척 힘이 세다. 그래서 말 한마디는 백만 대군을 무찌를 수도 있다.

무일푼의 번즈가 자신의 생각을 실행에 옮겼던 것처럼 상대방의 마음을 사로잡을 수 있는 한마디의 말은 더 이상 말이 아니라 ‘성공의 다이아몬드’이다.

Long Hard Think

. . .

강한 확신을 심어주는 말은 상대에게 호감을 준다. 상대는 그 말을 한 사람을 전적으로 믿게 되고, 그가 원하는 것을 이루게 도와준다. 그것은 곧 자신을 돕는 것이라고 믿기 때문이다. 자신의 뜻을 관철시키기 위해서는 상대가 믿을 수 있도록 강한 확신을 심어주어라. 확신에 찬 말은 '믿음의 라이선스'이다.

찰스 스왑과 U.S 철강

기회는 올 때 잡아야 하는 것입니다. 바로 지금 이 순간이 그 기회인 것입니다.
여러분들의 현명한 선택이 여러분 자신을 지금보다 더 월등한 부자로 만들어 줄 것입니다.
저의 충언을 믿으셔도 좋습니다. 저 또한 저의 선택을 믿습니다.

- 찰스 스왑

US 철강을 설립하고 억만장자가 된 찰스 스왑. 그는 본래 앤드류 카네기의 철강 회사의 일개 노동자였다. 그런 그가 카네기에게 발탁되어 그 당시 7만 5천 달러의 연봉을 받았다. 그리고 때때로 보너스로 100만 달러를 받았다. 그렇다면 카네기는 왜 그에게 그와 같은 파격적인 대우를 해주었을까.

그것은 찰스 스왑의 탁월한 능력 때문이었다. 그는 마치 자신이 사장인 것처럼 열심히 일했으며, 동료들 사이에서 인기가 좋았다. 또한 리더십이 뛰어나 자신이 맡은 일은 몇 갑절의 성과를 내어 카네기의 신임을 샀던 것이다.

그런 찰스 스왑이 세계 최고인 US 철강의 CEO가 될 수 있었던 데에는 다음과 같은 사연이 있다.

1900년 12월 12일 밤 뉴욕에 있는 유니버시티 클럽에는 미국에서 내로라하는 투자자들이 모여들었다. 이 자리는 J. 에드워드 시몬스와 C. 스튜어트 스미스 두 사람이 찰스 스왑을 투자자에게 소개하기 위해 마련한 자리였다. 찰스 스왑은 수십 명의 투자자들 앞에서 연설을 하기로 한 것이다. 그에게는 그만의 꿈이 있었기 때문이다.

"나에게는 신선하고 멋진 꿈이 있습니다. 나는 새로운 철강회사를 꿈꾸고 있습니다. 그 꿈은 50억 달러에 이르는 엄청난 계획입니다. 나는 이 꿈을 충분히 이뤄낼 자신이 있습니다. 나는 철강에 대해 잘 압니다. 그리고 지금과는 다른 시스템으로 철강회사를 경영할 비책이 있습니다. 철강회사의 앞날은 밝습니다. 그에 맞게 대비한다면 천문학적인 수익을 올리게 될 것입니다. 자, 저와 함께 이 꿈에 동참하지 않으시겠습니까? 기회는 올 때 잡아야 하는 것입니다. 바로 지금 이 순간이 그 기회인 것입니다. 여러분들의 현명한 선택이 여러분 자신을 지금보다 더 월등한 부자로 만들어줄 것입니다. 저의 충언을 믿으셔도 좋습니다. 저 또한 저의 선택을 믿습니다."

이는 찰스 스왑의 연설의 요지로써 강한 신념과 확신으로 가득 차 있다는 걸 알 수 있다.

투자자들 중엔 월가의 최고 투자자인 J. 모건이 있었는데, 그는 야망이 누구보다도 큰 사람이었다. 그는 찰스 스왑의 연설을 듣고 구미가 당겼다. 지금껏 어느 누구에게도 들을 수 없었던 꿈과 희망으로 가득 찬 연설이었기 때문이다.

J. 모건은 집으로 돌아와서도 마음이 부풀어 잠을 이루지 못했다. 그 후 모건은 여러 측면에서 찰스 스왑의 계획을 분석했다. 그러는 동안 일주일이 흘렀다. 결심을 굳힌 J. 모건은 찰스 스왑에게 만나기를 청했다. 둘은 자리에 마주 앉았다.

"여보게, 스왑. 나는 자네의 계획에 동참할 결심을 했네. 그래서 말인데 자네 이 계획을 반드시 성사시켜야 하네. 무슨 말인지 알겠는가."

"물론입니다. 그럴 자신이 없으면 이 엄청난 계획을 어찌 세울 수 있었겠습니까? 저는 자신 있습니다."

찰스 스왑은 자신감 넘치는 목소리로 당당하게 말했다.

"알겠네. 그럼 카네기 철강 회사를 인수하기로 하세. 그 모든 것을 자네에게 맡기겠네. 다시 한 번 말하지만 명심하게. 이 일이 잘못 되면 나나 자네는 끝일세."

"염려 마십시오. 저는 분명히 해낼 것입니다."

찰스 스왑은 J. 모건과 만난 후 카네기를 찾아갔다.

"사장님, 저 혹시 누군가가 적정한 금액에 회사를 매입하고 싶다면 매각할 의사가 있으십니까?"

찰스 스왑은 카네기의 심중을 살피며 넌지시 물었다.

"매각? 생각해 본적이 없는데, 그건 왜 묻는가?"

"은퇴하시면 행복한 노후를 보내셔야지요."

"그래야지. 난 은퇴해도 할 일이 많다네."

"그러셔야지요. 어쩌면 사장님에게는 정말로 중요한 시기가 될 지도 모르니까요."

찰스 스왑은 카네기에 대해 누구보다도 잘 알고 있었다. 그만큼 그는 카네기에겐 오른팔과도 같은 사람이었다.

"자네 말을 듣고 보니 생각이 좀 그러네만, 왜 누가 관심을 갖고 있는 사람이라도 있는가?"

카네기는 차를 한 모금 마시고 나서 물었다. 찰스 스왑은 이때 다 싶어 자신의 생각을 기탄없이 말했다.

"네, 사장님. 사장님께서 원하는 금액을 제시해 주시면 제가 한 번 시도해보겠습니다."

"그래?"

카네기는 이렇게 말하며 무언가를 메모하더니 찰스 스왑에게 건넸다.

"이 금액이면 팔 생각이 있네."

카네기가 건넨 메모지엔 4억 달러라고 적혀있었다. 당시 4억 달러면 어마어마한 찬문학적인 금액이었다.

"이 금액이면 가능할 것 같습니다."

"그래? 그럼 시도해 보게."

카네기는 엷은 미소를 지으며 말했다.

"저 근데 3억 2천만 달러는 먼저 받고, 8천만 달러는 매각하고 나서 2년간 증자 무상교부로 지불받는 것은 어떻습니까? 그러면 배당금도 받을 수 있고, 더 많은 수익을 올리게 될 테니까요."

"그래? 그것도 괜찮겠구먼."

"그럼 제가 한번 추진해 보겠습니다."

카네기 말에 찰스 스왑은 자신감을 내비치며 말했다. 찰스 스왑이 J. 모건에게 이 사실을 알리자 소식을 기다리고 있던 J. 모건은 쾌재를 불렀다. 이렇게 해서 철강회사들을 하나로 합병하여 US철강회사를 탄생시켰다.

당연히 찰스 스왑은 사장 자리에 올랐다. 그의 나이 서른여덟이었다. 찰스 스왑이 J. 모건을 비롯한 쟁쟁한 투자자들을 끌어들일 수 있었던 데에는 뉴욕 모임에서 그가 했던 말 때문이었다.

"기회는 올 때 잡아야 하는 것입니다. 바로 지금 이 순간이 그 기회인 것입니다. 여러분들의 현명한 선택이 여러분 자신을 지금보다 더 월등한 부자로 만들어 줄 것입니다. 저의 충언을 믿으셔도 좋습니다. 저 또한 저의 선택을 믿습니다."

찰스 스왑의 말을 보면 투자자들의 마음을 확 끌어당기는 힘이 넘친다. 특히, "여러분들의 현명한 선택이 여러분 자신을 지금보다 더 월등한 부자로 만들어 줄 것입니다."라는 말은 투자자들에게 강한 확신을 심어준다. 마치 투자를 안 하면 나만 손해를 본다는 마음을 갖게 했던 것이다.

찰스 스왑은 노동자 출신이었지만, 카네기에게 인정을 받고 잠재되어 있던 능력을 활짝 펼침으로써 세계 제일의 철강회사 사장으로 거듭날 수 있었다.

이처럼 한마디 말은 무한한 에너지를 발산한다. 그 에너지를 받은 사람들은 그 말을 한 사람을 믿을 수밖에 없다. 여기에 말의 중요성이 있는 것이다. 그렇다. 당신 또한 그렇게 되지 말라는 법은 없다. 다만, 그 해답은 당신의 말 한마디에 달려있음을 기억하라. 당신이 곧 답인 것이다.

Long Hard Think

.
.
.

말은 무한한 에너지를 가짐과 동시에 인생을 파멸로 이끌기도 한다. 동전의 양면성을 가진 것이 곧 말이다. 자신의 입에서 나오는 말을 에너지가 되게 하라. 그것은 곧 자신의 인생을 바꾸는 멋진 '찬스'가 될 것이다.

프랭클린 루스벨트의
영혼을 움직인 말 한마디

내가 후보님을 돕는 것은 후보님이야말로 지금 이 시대에 가장 적합한 지도자라고
확신하기 때문입니다. 지금껏 나의 선택은 한 번도 틀린 적이 없습니다.
이번에도 나는 나의 선택을 믿습니다.
- 제임스 파레이

프랭클린 루스벨트는 미국이 경제공황으로 혼란에 빠졌을 때
'뉴딜정책New Deal Policy'을 펼침으로써 미국을 어려움으로부터 구
해냈다. 그로 인해 그는 32대부터 35대에 이르기까지 미국 정치
역사상 4선의 유일한 대통령이 되었으며, 미국 대통령 중 존경받
는 몇 안 되는 성공한 대통령이 되었다.

루스벨트가 대통령이 되는 데에는 뛰어난 지략가인 루이 하우
이외에도 제임스 파레이라는 뛰어난 참모가 있었다. 그는 집이 가
난하여 고등학교 문턱에도 가보지 못했지만, 4개의 대학으로부터
명예학위를 받았다. 또한 민주당 당수가 되었으며 우정장관이 되
었다. 그러면 학벌도 없고 가진 것 없는 그가 성공할 수 있었던 비

결은 무엇인가. 이에 대한 이야기이다.

제임스 파레이가 인생의 승리자가 될 수 있었던 데에는 그의 탁월한 능력이 한몫했다. 그는 사람들의 이름을 기억하는 아주 특별한 재주가 있었다. 그가 이름을 기억하는 재주를 지닐 수 있게 된 것은 노력에 의한 결과였다.

배우지 못한 제임스 파레이는 먹고살기 위해 세일즈맨이 되었다. 그는 만나는 사람들마다 이름을 기억하고 그 사람의 특징을 기억했다. 그리고 고객들의 생일이나 특별한 날 따뜻한 마음을 담아 편지를 보내주었다. 그러면 사람들은 하나같이 자신을 기억하고 편지를 보내준 것에 대해 기뻐하였다. 심리적으로 사람들은 누구나 자신에게 호의를 베푸는 사람들을 좋아한다. 제임스 파레이는 이런 사람들의 심리를 잘 활용했던 것이다. 그러자 그의 이름은 널리 알려지기 시작했다.

사람을 많이 안다는 것은 그리고 잘 안다는 것은 큰 자산이다. 인간관계에 있어 도움을 주는 것도 사람이고, 아픔을 주는 것도 결국은 사람이다. 여기서 중요한 것은 도움을 주는 사람이 많아야 한다는 것이다. 그런 사람들이야말로 인생의 '희망의 꽃'과 같은 존재이기 때문이다. 자신에게 힘이 되는 사람들을 곁에 두기 위해서는 먼저 자신이 그들을 '선'으로써 대하고 필요한 '존재'라는 것을 각인시켜야 한다. 그리고 자신과 함께하면 좋은 일이 있을 거라는 확신을 심어주어야 한다. 다시 말해 먼저 자신이 잘 해야 좋은 사람들을 곁에 둘 수 있다는 말이다.

사회적으로 명성이 쌓여 가면서 제임스 파레이에게 관심을 갖는 사람들이 있었다. 그들 중에는 정치가도 있었고, 기업가나 저명인사들이 주를 이루었다. 제임스 파레이와의 친교를 통해 자신의 유익을 얻는 데 도움이 되는 까닭이었다.

제임스 파레이는 여러 사회적 분야에서도 특히, 정치에 뜻을 두게 되었으며, 이 일을 통해 민주당 상원의원이던 프랭클린 루스벨트와 인연이 되었다. 루스벨트 입장에서는 대단한 인적자산을 확보한 거나 마찬가지였고, 제임스 파레이 역시 미래가 전도유망한 신진 정치가를 곁에 둠으로써 야망을 키울 수 있었다.

"파레이 씨, 내게는 당신의 도움이 절대적으로 필요합니다. 내게 힘이 되어주세요."

루스벨트가 민주당 대통령 후보가 되었을 때 제임스 파레이에게 말했다.

"난 이미 후보님을 위해 뛰고 있습니다. 내게는 수많은 사람들의 명단이 있습니다. 그들은 모두 나의 좋은 친구들이며 후보님이 대통령에 당선되는 데 있어 크게 기여할 것입니다."

제임스 파레이의 말에 루스벨트는 크게 감동하였다.

"파레이 씨, 그처럼 날 생각해주셔서 너무도 마음이 기쁩니다.

나는 그 누구보다도 당신의 능력을 믿습니다."

"그렇게 생각해주시니 감사합니다. 다시 한 번 말씀드리지만 내가 후보님을 돕는 것은 후보님이야말로 지금 이 시대에 가장 적합한 지도자라고 확신하기 때문입니다. 지금껏 나의 선택은 한 번도 틀린 적이 없습니다. 이번에도 나는 나의 선택을 믿습니다."

"나는 지금 이 순간 천군만마를 얻었습니다. 감사합니다."

제임스 파레이의 말에 루스벨트는 감격의 감격을 거듭하였다. 생각해보라. 루스벨트가 부탁하는 입장에서 볼 때 제임스 파레이가 자신을 위해 뛰고 있다는데 어찌 감격해하지 않을 수 있을지를. 루스벨트는 그야말로 천군만마를 얻었으며, 제임스 파레이는 앞날이 창창한 지도자를 얻었으니 이 둘의 관계야말로 천상의 소울메이트가 아닐 수 없다.

제임스 파레이는 미국 전역을 돌며 자신이 알고 있는 지인들을 만나 일일이 도움을 구했고, 선거캠프로 돌아와서는 자신이 확보하고 있는 5만 명이 넘는 사람들에게 일일이 편지를 보내 주변 사람들에게도 도움을 바란다고 부탁했다.

치열한 선거전 끝에 결국 민주당 대통령 후보였던 루스벨트가 미국 제32대 대통령에 당선되었다. 제임스 파레이는 루스벨트가 대통령에 당선되는 데 있어 혁혁한 공을 세웠다.

제임스 파레이는 우정장관이 되었으며, 민주당 당수가 되었다.

배우지 못한 그가 거대한 미국이라는 나라에서 성공할 수 있었던 것은 그의 폭넓은 인간관계에도 있지만, 루스벨트를 감격하게 했던 결정적인 한마디의 말 덕분이었다.

"내가 후보님을 돕는 것은 후보님이야말로 지금 이 시대에 가장 적합한 지도자라고 확신하기 때문입니다. 지금껏 나의 선택은 한 번도 틀린 적이 없습니다. 이번에도 나는 나의 선택을 믿습니다."

제임스 파레이의 말은 루스벨트를 감동하게 하는 데 충분했고, 자신이 대통령이 되었을 때 그를 중용하겠다는 결심을 갖게 하였다.

상대방을 감격하게 하는 빛나는 말은 더 이상 말이 아니다. 그것은 자신의 빛나는 인생을 보증하는 '인생의 보증수표'와 같음을 기억하라.

Long Hard Think

:
:
:

상대방이 간절히 원하는 말을 할 때 상대방은 크게 감격케 한다. 그래서 그 말을 한 사람을 가슴에 새기게 되고, 자신이 잘 되었을 때 그를 자신의 곁에 두려고 한다. 이는 동서고금을 막론하고 '인간관계법칙'의 정석이다. 상대방이 원하는 말은 말이 아니라 '소울 워드'이다. 상대의 영혼을 움직이는 당신이 돼라.

로세티를 감동시킨 홀 케너의 한 통의 편지

> 시인님의 시를 읽을 때면 마음 저 깊은 곳으로부터 감동의 물결이 파도치듯 밀려옵니다.
> 그럴 때면 세상의 힘듦과 고통을 잊는 듯합니다.
> 시인님의 시는 제게 영혼의 양식이며, 삶의 등불입니다.
> - 홀 케너

인생을 살아가면서 사람처럼 소중한 것은 없다. 인생에 있어 사람은 가장 확실한 '자산'이기 때문이다. 그처럼 소중한 인적자산을 내 인생의 금고에 쌓아두기 위해서는 좋은 사람들을 많이 아는 것이 중요하다. 좋은 사람들과 친분을 쌓기 위해서는 그 사람의 마음을 움직이는 것이 무엇보다 필요하다. 그러기 위해서는 마음가짐은 물론 말 한마디에도 공을 들여야 한다.

가난한 대장장이의 아들로 학교 공부라고는 8년이 전부였던 홀 케너. 그랬던 그가 소설《크리스천》,《맨섬 사람》 등으로 베스트셀러 작가가 된 데에는 운명 같은 아름다운 이야기가 있다.

홀 케너는 근로자로 일하면서도 책을 즐겨 읽었다. 특히, 소네트와 민요를 좋아했다. 소네트를 읽을 땐 몸과 마음이 맑게 정화되는 것을 느꼈으며, 민요를 부를 땐 현실의 힘듦을 잊을 만큼 좋았다. 특히, 그가 좋아했던 시인은 단테, 가브리엘, 로세티였는데 그중에서도 로세티를 가장 좋아했다.

이탈리아 출신으로 영국에서 명성을 떨치고 있던 로세티는 단테연구자로 독보적인 존재였으며, 런던대학 킹스 칼리지의 이탈리아어 교수로 재직하고 있었다.

홀 케너는 그를 흠모한 까닭에 편지를 써서 보냈다.

존경하는 로세티 시인님께

저는 시인님의 시를 좋아하고, 시인님을 존경하는 홀 케너라고 합니다. 저는 변변히 배우지는 못했으나 책을 좋아하고, 시를 사랑합니다. 특히, 시인님의 시를 읽을 때면 마음 저 깊은 곳으로부터 감동의 물결이 파도치듯 밀려옵니다. 그럴 때면 세상의 힘듦과 고통을 잊는 듯합니다. 시인님의 시는 제게는 영혼의 양식이며, 삶의 등불입니다.

그리고 제가 시인님을 존경하는 또 하나의 이유는 단테의 문학적 업적을 높이 기리고 연구하여, 시인으로서의 단테를 완벽하게 재구성했다는 점입니다. 저 또한 단테를 존경하고 그의 시를 좋아합니다. 이런 이유로 저는 시인님을 존경하지 않을 수 없습니다.

시인님, 시인님을 직접 뵙고 싶지만 지금 제 형편이 여의치 못해 안타까울 뿐입니다. 열심히 노력하다 보면 뵈올 날이 오리라 믿고 열심히 읽고 쓰며 살겠습니다.

앞으로도 좋은 시로 저를 감동시켜 주시기 바랍니다.

로세티는 홀 케너의 편지를 읽고 크게 감동하였다. 자신을 그처럼 존경하고 자신의 시를 사랑한다는 말이 그의 가슴을 울렸던 것이다. 로세티는 즉시 그에게 편지를 보냈다. 런던으로 오라는 내용이었다.

홀 케너는 로세티의 편지를 받고 크게 감격하였다. 그가 자신을 런던으로 초청한 사실이 그렇게도 감사할 수가 없었던 것이다. 결국 홀 케너는 런던으로 갔다. 그리고 꿈에서도 그리던 로세티를 만났다.

"시인님을 만나 뵙게 되어 큰 영광입니다."

"나도 홀 케너 씨를 만나게 되어 무척 기쁩니다."

로세티는 홀 케너의 말에 이렇게 말하며 활짝 웃었다. 마치 홀 케너는 꿈을 꾸는 것 같았다. 하지만 그것은 현실이었다.

"이처럼 기쁘게 저를 반겨주셔서 다시 한 번 감사드립니다."

"나 역시 그래요. 저, 오늘부터 홀 케너 씨를 내 비서로 삼고 싶은데 어떻게 생각하세요?"

"비, 비서요! 제, 제가 시인님 비서를요?"

홀 케너는 로세티의 뜻밖의 말에 너무 놀라서 더듬거렸다.

"그래요. 왜 싫은가요?"

"아닙니다. 저 같이 못 배운 사람이 어떻게 시인님의 비서가 될 수 있을까요?"

홀 케너는 믿기지 않는다는 듯이 말했다.

"하하하, 이미 홀 케너 씨는 많은 걸 아는 사람입니다. 오늘부터 제 비서로 임명하겠습니다."

"감사합니다, 시인님. 부족하지만 열심히 일하겠습니다."

"그래요. 나는 홀 케너 씨의 능력을 믿습니다."

이렇게 해서 홀 케너는 생각지 못한 큰 은혜를 입었다. 그날 이후 홀 케너의 삶은 완전히 바뀌었다.

지금도 그렇지만 당시의 영국 런던은 정치, 문화, 경제 등 세계의 중심 중에 중심이었다. 홀 케너는 많은 예술가들과 교류하면서 폭넓은 문화지식을 쌓았고, 작가로서의 역량을 키울 수 있었다. 결국 그는 베스트셀러 작가가 됨으로써 자신을 성공적인 인물이 되게 했다.

"시인님의 시를 읽을 때면 마음 저 깊은 곳으로부터 감동의 물결이 파도치듯 밀려옵니다. 그럴 때면 세상의 힘듦과 고통을 잊는 듯합니다. 시인님의 시는 제게는 영혼의 양식이며, 삶의 등불입니다."

이는 로세티의 마음을 산 홀 케너의 진정성이 담긴 말이다. 진정성이 담긴 말은 이처럼 힘이 세다. 그랬기에 홀 케너가 베스트셀러 작가로서 성공할 수 있었던 것이다.

만일 당신이 누군가의 마음을 사고 싶다면, 그래서 그의 도움을 얻기 바란다면 당신의 진정성이 담긴 말을 들려주어라. 그것이 당신의 인생을 바꾸는 '성공의 주춧돌'이 될 것이다.

사람은 누구나 자신에게 진정성을 갖고 대하는 사람을 좋아한다. 특히, 자신을 존경한다거나 좋아할 때 더욱 그 사람에게 관심을 갖는다. 그리고 그를 도와주고 싶어 한다. 그것은 하나의 보상심리와도 같은 것이다. 그렇다. 누군가의 도움을 얻고 싶다면, 그의 장점을 최대한 부각시켜 칭찬하라. 칭찬은 에베레스트 산도 평지가 되게 한다.

조지 이스트만과 제임스 아담슨

사장님은 가난하고 어려운 시절 불굴의 의지와 창의적인 정신으로 이겨낸
인생의 승리자이시군요. 참 대단하십니다.

- 제임스 아담슨

코닥 회사의 사장, 조지 이스트만은 어린 시절 셋방살이를 하며
가난하게 보냈다. 그는 인간이 살아가는 데 있어 가난이 얼마나
삶을 힘들게 하고, 고달프게 하는지를 뼈에 사무치게 느끼며 자랐
다. 그는 가난을 통해 돈을 벌어야겠다고 굳게 결심을 하고 열심
히 일했다.

그러던 중 그는 투명 필름을 발명하였다. 투명 필름의 발명으로
영화상영이 가능하게 되었으며 이는 획기적인 발명품으로 기록
되었다. 그로 인해 조지 이스트만은 막대한 부를 쌓았고 세계적인
부자가 되었다.

그는 자신이 쌓은 부를 인류에 공헌한다는 신념을 갖고 보람 있

는 일에 아낌없이 투자하였다. 교육의 발전을 위해 로체스터대학을 설립하였으며, 제너럴 병원, 우정의 집, 어린이 병원 등을 설립하였다.

그런 그가 로체스터에 이스트만 음악학교와 자신의 어머니를 기념하기 위한 극장 킬보운 홀을 건축하기로 하고 한창 건축에 심혈을 기울이고 있었다.

이 소식을 접한 뉴욕의 슈페리얼 시팅 회사 사장인 제임스 아담슨은 건축가를 찾아가 자신 회사의 의자를 이스트만 음악학교와 극장 킬보운 홀에 납품하고 싶다고 말했다. 그러니 자신을 이스트만 사장과 만나게 해 달라고 부탁했다. 건축가는 아담슨의 요청을 받아들여 그가 이스트만과 만날 수 있게 주선해주었다. 아담슨은 약속날짜에 맞춰 건축가와 만났다. 건축가는 아담슨에게 이렇게 말했다.

"나는 당신이 주문을 받아내길 원합니다. 그런데 내가 하는 말을 반드시 명심해야 합니다. 이스트만 사장은 매우 바쁜 사람이라 5분 이상 말을 하면 불리합니다. 짧고 간결하게 핵심을 짚어 말하기 바랍니다."

"알겠습니다."

건축가의 말에 아담슨이 말했다. 건축가는 그의 말에 빙그레 웃고는 그를 데리고 이스트만을 만나러 갔다.

아담슨이 사무실에 도착했을 때 고개를 숙이고 무언가에 집중하고 있는 이스트만을 보고는 두 주먹을 불끈 쥐었다. 반드시 주문을 받아 내리라는 스스로에 대한 다짐이었다.

비서로부터 손님이 왔다는 말을 듣고 이스트만은 숙였던 고개를 들고 자리에서 일어나 그들을 맞았다.

"어서 오세요. 조지 이스트만입니다."

"안녕하세요? 저는 제임스 아담슨입니다."

아담슨은 이렇게 말하며 다음과 같이 말했다.

"사장님, 저는 사장님을 기다리는 동안 사장님의 사무실을 보고 깜짝 놀랐습니다. 이런 곳이라면 아주 즐겁게 일을 할 수 있겠구나, 하고 말입니다. 사장님도 아시다시피 저는 인테리어 업에 종사하다 보니 많은 사무실에 가곤 하는데 사장님 사무실처럼 멋지고 아름다운 사무실을 한 번도 본 적이 없습니다. 참으로 훌륭한 사무실입니다."

아담슨의 말에 이스트만은 환하게 웃으며 말했다.

"아, 그래요? 당신의 말을 듣고 보니 잊고 있던 일이 생각이 나는군요. 아름다운 사무실이지요. 처음 사무실을 꾸미고 나서 나는 무척이나 사무실을 좋아했지요. 자부심이 들 정도로 말이지요. 하지만 바쁜 일에 쫓기다 보니 수주일 동안 사무실을 비워두기 일쑤였지요. 그러다 보니 사무실이 참 멋지다는 사실을 잊고 지냈어요."

이스트만은 아주 만족스러운 표정으로 말했다. 아담슨은 그의 말을 듣고 나서 사무실 저쪽으로 걸어가더니 나무로 만든 장식품을 손으로 만져보고 나서 말했다.

"이것은 영국산 참나무 같은데요. 그렇지 않습니까? 이탈리아 참나무와는 조금 다르지요."

아담슨의 말을 듣고 엷게 웃으며 이스트만이 말했다.

"그렇습니다. 그것은 영국에서 수입한 참나무로 만든 것입니다. 나무에 대해 잘 아는 친구가 나를 위해 그것을 선택해 준 것이지요."

이스트만은 이렇게 말하고 나서는 아담슨을 데리고 사무실 여기저기를 구경시켜 주었다. 그러고 나서 자신이 인류에게 공헌하기 위해 세운 학교와 병원 등에 대해 설명했다.

"저는 사장님 말씀을 듣고 크게 감동했습니다. 사장님이야말로 진정으로 인류를 사랑하는 마음이 크십니다. 참 존경스럽습니다."

"그렇게 말씀하니 부끄럽습니다만, 기분은 참 좋습니다. 감사합니다."

이스트만은 아담슨의 말에 크게 만족해하며 말했다. 그러고 나서 그는 자신이 그동안 살아왔던 이야기와 성공하게 된 이야기를 들려주었다.

"사장님은 가난하고 어려운 시절을 불굴의 의지와 창의적인 정신으로 이겨낸 인생의 승리자이시군요. 참 대단하십니다."

"하하, 그래요? 지금은 이렇게 웃으며 말할 수 있지만 그 당시 나에겐 죽느냐 사느냐의 문제였지요. 나는 살기 위해서 내가 할 수 있는 모든 능력을 쏟아부었지요. 그리고 마침내 내가 원하는 지금의 내가 되었지요."

이스트만은 이렇게 말하며 아담슨에게 자신의 집으로 가서 식사를 하자고 했다. 건축가는 5분을 넘기지 말라고 했는데 무려 2시간이 지났고, 이스트만은 아담슨을 자신의 집까지 데리고 간 것이다.

이스트만은 점심식사를 하고 나서 일본에서 사온 의자를 보여주었는데 그 의자의 페인트색이 벗겨져 자신이 직접 페인트칠을 했다고 말했다. 하지만 의자는 별로 좋아 보이지 않았다.

아담슨은 이스트만과 유익한 시간을 보냈다.

"아담슨 씨, 오늘 당신 회사의 의자를 구입하겠습니다."

"감사합니다, 사장님. 오늘 사장님으로부터 많은 것을 배웠습니다. 그것은 제가 앞으로 살아가는 데 있어 큰 도움이 될 거라고 확신합니다."

아담슨은 이렇게 말하며 감사를 표했다. 그날 이스트만이 구입한 의자의 가격은 무려 9만 달러나 되었다. 9만 달러는 당시로서는 엄청남 액수였다.

그 후 아담슨과 이스트만은 친구가 되어 평생을 함께했으며, 이스트만은 의자를 비롯한 모든 제품을 아담슨에게 구입하였다. 아담슨은 그로 인해 막대한 부를 쌓을 수 있었다.

> "사장님은 가난하고 어려운 시절을 불굴의 의지와 창의적인
> 정신으로 이겨낸 인생의 승리자이시군요. 참 대단하십니다."

아담슨이 이스트만의 마음을 움직인 말이다. 이 말엔 한 인간에 대한 뜨거운 인생예찬이 진정성 있게 잘 나타나 있다. 특히, 가난한 삶을 극복하고 자수성가한 사람들은 자신의 마음을 알아주는 사람에게 깊은 관심을 갖는 경향이 있다. 그래서 그 사람에게 인정을 베풀고 좋은 관계로 지내기를 바란다.

아담슨이 이스트만의 마음을 움직여 성공했듯이 당신이 간절히 바라는 누군가의 마음을 사기 위해서는 진정성 있게 그를 대하라. 그리고 아낌없이 그를 칭찬하라. 칭찬하는 데는 돈이 들지 않는다. 당신의 진정성 어린 따뜻한 말 한마디면 충분하다.

상대의 환심을 사기 위해서는 진정성 있는 말과 행동이 따라야 한다. 상대가 자수성가한 사람이라면 그의 업적을 칭찬하는 것이 좋다. 자수성가한 이들은 자신이 이룬 업적에 대해 자긍심이 대단하기 때문이다. 그 자긍심에 대한 진정 어린 예찬이 따르게 되면 그렇게 말한 사람과 좋은 관계가 되기를 바람은 물론 그가 원하는 것을 들어주는 경향이 있다. 자수성가한 이들에게 원하는 것을 얻기 위해선 진정성을 담아 아낌없이 칭찬하라.

사이루스 H. K. 커티스의 원고 청탁법

이는 제가 작가님을 존경하는 사람으로서 작가님의 높은 뜻을 받들고자 함이며,
훌륭하신 작가님의 글을 저희 잡지사에 싣는 것을 큰 기쁨으로 여기기 때문입니다.

– 사우루스 H. K. 커티스

가난한 소년이었던 사우루스 H. K. 커티스가 〈세터데이 이브닝 포스트〉지와 〈레이디스 홈 저널〉지의 사장으로 성공할 수 있었던 배경에는 그만의 창의적이고 독특한 소통비법이 있었다.

그가 처음 잡지사를 경영할 때 다른 잡지사들처럼 필자들에게 원고료를 줄 수 없었다. 이는 잡지사를 경영하는 그에게는 매우 불리한 입장이었다.

필자들은 대개가 저명한 작가들이나 학자, 교수, 정치인들이었는데 이들을 필자로 하기 위해서는 그 이름값에 걸맞은 원고료를 지불함이 마땅한 일이었기 때문이다.

커티스는 어떻게 하면 필자들에게 청탁을 할까 생각하던 끝에

자신만의 방법을 찾아냈다. 그것은 원고료를 필자에게 직접 주는 것이 아니라 필자가 후원하는 단체나 관계하고 있는 복지기관 등에 필자의 이름으로 기부를 하는 것이었다.

어떻게 보면 무모한 방법 같지만 그에게는 강한 확신이 있었다. 대개의 저명한 인사들은 돈도 중요하게 여기지만 그보다는 명예를 더욱 소중하게 여기는 경향이 있는데 커티스는 바로 이 점에 주목한 것이다. 그는 자신이 생각한 것을 즉시 실행에 옮겼다.

소설《작은 아씨들》로 유명한 작가 루이자 메이 올컷에게 원고 청탁을 할 때였다. 100달러짜리 수표를 그녀에게 직접 주는 대신 그녀가 후원하는 자선단체에 편지와 함께 기부를 한 것이다.

안녕하세요.

저는 <세터데이 이브닝 포스트>지와 <레이디스 홈 저널>지의 사장 사우루스 H. K. 커티스라고 합니다.

제가 이 돈을 보내는 것은 루이자 메이 올컷 작가님께서 이 자선단체를 후원한다는 것을 알고는, 작가님에게 지불할 원고료를 작가님의 이름으로 보내는 것입니다.

이는 제가 작가님을 존경하는 사람으로서 작가님의 높은 뜻을 받들고자 함이며, 그처럼 훌륭하신 작가님의 글을 저희 잡지사에 싣는 것을 큰 기쁨으로 여기기 때문입니다. 작가님에게는 아무 말씀도 드리지 않고 보내는 것이니 작가님이 보내는 거라 여겨 받아주시기 바랍니다.

비록 작가님의 이름으로 보내는 것이지만 저는 마음이 참 즐겁습니다. 하시는 일이 늘 잘 되기를 기원 드립니다.

자선단체 관계자는 커티스가 보낸 돈과 편지에 대해 올컷 작가에게 알렸다. 그러자 올컷은 자선단체에 자신의 이름으로 돈을 후원해준 것을 크게 기뻐하며 커티스에게 편지를 보내왔다.

안녕하세요, 커티스 씨.

저는 루이자 메이 올컷입니다. 얼마 전 자선단체로부터 얘기를 들었습니다. 제 이름으로 자선단체에 후원하셨다는 것을요.

저는 자선단체에 즐거운 마음으로 후원을 합니다. 후원을 하면 제 마음이 참 따뜻해져 옴을 느낍니다. 그 즐거움은 저를 아주 행복하게 하지요.

그런데 커티스 씨가 그 즐거움을 저에게 선물하셨습니다. 그 선물에 대한 답례를 하고자 합니다. 무슨 원고인지 청탁서를 보내주시면 기쁜 마음으로 쓰겠습니다.

앞으로도 제 글이 필요할 땐 언제든지 청탁해주세요. 기꺼이 즐거운 마음으로 써드리겠습니다.

고맙습니다.

올컷 작가로부터 연락을 받은 커티스는 두 팔을 번쩍 들고 크게 웃으며 말했다.

"역시, 내 생각이 옳았어. 앞으로도 이 방법은 나에게 매우 유익함을 가져다 줄 거야."

이렇게 말하고 나서는 곧바로 원고 청탁서를 올컷 작가에게 보냈다. 그리고 며칠 후 올컷 작가로부터 원고를 받을 수 있었다.

"이는 제가 작가님을 존경하는 사람으로서 작가님의 높은 뜻을 받들고자 함이며, 그처럼 훌륭하신 작가님의 글을 저희 잡지사에 싣는 것을 큰 기쁨으로 여기기 때문입니다."

이는 커티스가 올컷의 마음을 움직일 수 있었던 말이다.

당시 올컷은 베스트셀러 작가로 명성이 자자한 작가였다. 그녀의 글을 잡지에 싣기 위해서는 많은 고료를 지불해야만 했다. 또 막상 원고료를 지불한다고 해도 그녀가 안 써주면 실을 수가 없었다. 그런데 그녀는 100불 밖에 안 되는 적은 원고료에도 기분 좋게 원고를 써주었던 것이다.

그 일이 있고 나서 커티스는 자신이 글을 싣고자 하는 저명한 인사들에게는 올컷에게 했듯 원고를 청탁하였다. 원고청탁을 받은 사람들은 하나같이 기분 좋게 원고를 써주었다. 이렇게 함으로써 커티스의 잡지사는 공신력 있는 잡지사로 이름을 떨치며 크게 성공하였다.

누군가의 마음을 얻음으로써 원하는 것을 얻기 위해서는 커티스가 했듯 그 방법을 실행해보는 것도 매우 좋을 듯하다. 사람은 누구나 타인으로부터 자신의 가치를 인정받을 때 행복의 극치감을 느끼게 되기 때문인데, 이때 행복의 극치감은 돈으로는 살 수 없을 만큼 가치를 지닌다.

그렇다. 돈도 중요하지만 사람의 마음에 행복을 선물하는 것, 그것이야말로 상대를 내 편으로 만드는 최상의 비법인 것이다.

．
．
．

사람의 마음을 사는 방법은 생각하기에 따라 얼마든지 있다. 선물로 마음을 사는 법, 칭찬으로 마음을 사는 법, 돈으로 마음을 사는 법 등 사람에 따라 방법을 시도하는 것이 좋다. 특히, 그 사람이 원하는 것을 해줌으로써 마음을 사는 법은 무엇보다 그 사람을 기분 좋게 해준다. 그것이야말로 그 사람의 '행복의 가치'를 높여주는 최상의 비법이기 때문이다.

허버트 조지 웰스와 77권의 책

이 편지 받는 대로 툭툭 털고 일어나 네가 꿈꾸는 하늘을 바라보아라.
그러면 네게 좋은 일이 생길거야. 그리고 네가 원하는 길을 가게 될 거야.
왠지 아니? 선생님은 널 믿기 때문이야.

- 웰스의 학창시절 선생님

공상과학소설의 창시자이며《타임머신》,《투명인간》,《우주전쟁》 등 공상과학소설을 비롯해《세계문화사대계》 역사서로 이름을 떨친 허버트 조지 웰스. 그는 가난한 시골교생에서 위대한 작가가 된 입지전적인 인물이다.

웰스의 부모는 남의 집 하인으로 일했다. 집이 가난하다 보니 그는 어린 시절 포목점에서 일을 했다. 하루하루 힘들게 일한다는 것이 어린 그에게는 여간 슬픈 일이 아닐 수 없었다.

'이렇게 산다는 것은 내게는 참 불행한 일이야. 난 내가 하고 싶은 일을 하며 살아야 돼. 난 이곳을 벗어날 거야.'

이렇게 결심을 굳힌 그는 어머니를 만나기 위해 집으로 갔다.

어머니를 만난 어린 웰스는 울면서 말했다.

"어머니, 저는 지금처럼 살 수 없어요. 저에게도 꿈이 있는데, 이렇게 산다는 것은 너무도 슬픈 일이에요. 차라리 이렇게 살 바에야 죽는 게 낫겠어요."

어머니는 웰스의 말을 듣고 미안하다고 하면서도 지금은 힘들지만 참고 노력하면 네 꿈을 펼칠 날이 올 거라며 말했다. 하지만 어머니의 말은 그의 귀에 들어오지 않았다.

상심해 있던 어느 날 웰스는 자신이 다녔던 학교 선생님에게 편지를 보냈다.

선생님 웰스예요.

그동안 안녕히 잘 계셨어요.

제가 이처럼 선생님께 편지를 보내는 것은 제 문제에 대해 말씀드리고 싶어서입니다.

선생님도 아시다시피 저희 집이 가난하여 제가 하고 싶은 공부를 하지 못하고 포목점에서 일한다는 것이 너무 슬퍼요. 물론 저도 알아요. 이 모두가 저희 집이 가난해서 그렇다는 것을. 그래서 참고 견디며 일하면서 공부를 하려고 노력도 했어요.

하지만 제 마음은 언제나 슬프기만 해요. 이러다가 꿈도 이루지 못하고 그냥 죽는 것은 아닐까 하는 생각이 언제나 저를 괴롭히기 때문에요.

선생님, 저는 왜 가난한 집에서 태어나야만 했을까요? 부잣집 친구처럼 부잣집에서 태어나지 않고 말이에요.

선생님, 저는 지금 너무 상심해 있어요. 먹는 것도 싫고, 책 보는 것도 싫고, 아무것도 하고 싶지 않아요.

선생님, 제가 어떻게 하면 좋을지 모르겠어요. 그냥 죽고 싶은 마음뿐이에요. 선생님, 제가 어떻게 하면 좋을까요?

선생님께서는 늘 좋은 말씀을 해주시니, 저에게 용기를 주는 말씀 부탁드려요.

웰스의 편지를 읽고 난 선생님은 그가 얼마나 힘들어 하는지를 잘 알 수 있었다. 그가 생각하는 웰스는 똑똑하고 영특한 아이었다. 집안 환경이 좋지 않아서 그렇지 지원을 해준다면 크게 될 아이라는 것을 잘 알고 있던 터라 늘 마음이 쓰이던 아이였다.

선생님은 많은 생각을 한 끝에 웰스에게 편지를 썼다.

웰스야, 네가 보내준 편지는 잘 보았단다.

네가 그처럼 힘들어하고 슬퍼하는 것을 보니 선생님 마음도 많이 아프구나. 내가 아는 너는 똑똑하고 영특하여 네가 마음만 먹고 열심히 노력한다면 크게 성공할 거라고 말은 안 했지만 그렇게 믿고 있었단다. 지금도 그 마음은 변함이 없어.

그런데 지금 상심해하는 널 보니 이건 아니다 싶구나.

너처럼 가난한 집에서 태어난 사람들 중엔 자신과의 싸움에서 이기고 성공한 사람들이 많단다. 그들도 너처럼 많이 힘들어하고 슬퍼했지. 그러나 그들은 결코 자신을 포기하지 않았단다. 포기한다는 것은 자신의 꿈은 물론 전부를 잃는 거라고 믿었기 때문이지.

그들은 죽을 만큼 힘든 생활을 이겨내고 자신이 원하는 것을 얻었단다. 열심히 하다 보니 주위에서 도와주기도 하고, 새로운 길이 열리기도 했단다.

선생님이 생각하는 웰스는 쉽게 네 자신을 포기할 거라고 믿지 않는다. 너는 마음만 먹으면 누구보다도 잘 할 수 있고, 힘들고 어려운 일도 잘 이겨내리라 믿는다. 다만 너 스스로 너에 대한 확신이 약해서이지.

그러니까 웰스야, 상심하지 말거라. 그것은 네게 아무런 도움도 되지 않는단다. 부모님을 속상하게 하고 너를 슬프게 할 뿐이란다.

선생님이 네가 일하며 공부할 수 있는 자리를 알아봐 주마. 이 편지 받는 대로 툭툭 털고 일어나 네가 꿈꾸는 하늘을 바라보아라. 그러면 네게 좋은 일이 생길거야. 그리고 네가 원하는 길을 가게 될거야. 왠지 아니? 선생님은 널 믿기 때문이야.

선생님으로부터 편지를 받은 웰스는 자신을 믿어주는 선생님의 말에 큰 감동을 받았다. 그 순간 그는 자리에서 벌떡 일어나 스스로에게 말했다.

"남들도 하는데 내가 왜 못해. 그래, 난 할 수 있어. 나를 믿어주는 선생님도 있고, 부모님도 계신데 왜 내가 못해. 난 그분들을 실망시키지 않을 거야. 그리고 나에게도. 이제부터 진짜로 시작하는 거야. 그게 지금 내가 할 수 있는 최선의 일이니까."

이렇게 결심을 굳힌 웰스는 선생님이 소개해준 일을 하면서 열심히 공부하였다. 그는 열심히 공부한 끝에 작가가 되었으며, 영문학의 대가가 되었다. 그리고 인류평화에도 열심히 노력함으로써 자신의 인생을 성공으로 써냈다. 그가 살아생전 쓴 책은 77권이고, 인세로 벌어들인 돈만 백만 달러가 넘었다. 당시로는 천문학적인 돈이다.

"이 편지 받는 대로 툭툭 털고 일어나 네가 꿈꾸는 하늘을 바라보아라. 그러면 네게 좋은 일이 생길거야. 그리고 네가 원하는 길을 가게 될 거야. 왠지 아니? 선생님은 널 믿기 때문이야."

이는 상심해 있던 어린 웰스를 일으켜 세운 선생님의 말이다.

이 말엔 웰스를 생각하는 선생님의 진정성과 믿음이 잘 나타나 있다. 이 말은 웰스가 용기를 얻고 먼 훗날 성공할 수 있는 마음의 원동력이 되어 주었다.

당신이 누군가로부터 도움을 받고 싶다면 누군가의 마음을 감동시켜야 한다. 그리고 당신 또한 누군가에게 용기를 줄 수 있다. 이 모두는 진정성 있는 말과 행동에 있음을 기억하고 실행하라.

Long Hard Think
.
.
.

한 마디의 말은 기적을 부를 만큼 힘이 세다. 한 마디의 말은 누군가로부터 자신을 인정받게 하고, 또 누군가를 일으켜 세울 수 있다. 기적을 부르는 말은 진정성 있는 감동적인 말이다. 감동을 주는 말은 상대의 마음을 자신에게로 이끌게 한다. 감동을 주는 말은 '믿음과 사랑'이다.

찰스 스왑을 사로잡은 윌리엄스의 말

저, 제가 도울 일이 있을까 해서 왔습니다.
혹시라도 제 도움이 필요하시다면 말씀해 주세요.
- 윌리엄스

몹시 추운 어느 날 펜실베이니아에 있는 철강 제조공장에 반짝
반짝 빛나는 세단이 멈추어 섰다. 그 순간 속기용 메모지를 든 젊
은이가 쏜살 같이 달려왔다. 차문이 열리고 중년 남자가 나오자
젊은이가 고개 숙여 인사를 했다.

"어서 오십시오, 사장님."

"무슨 일입니까?"

중년 남자가 젊은이에게 물었다.

"저는 철강 회사 총무과 소속 속기사 윌리엄스라고 합니다."

"아 그래요? 나한테 무슨 볼일이라도 있습니까?"

"저, 제가 도울 일이 있을까 해서 왔습니다. 혹시라도 제 도움이

필요하시다면 말씀해 주세요."

"아, 그래요. 혹시 누가 나에게 가 보라고 했나요?"

"아닙니다. 사장님께서 도착하신다는 전보를 받고 나온 겁니다."

"그랬군요."

윌리엄스의 말에 중년 남자는 빙그레 웃으며 말했다. 그는 일개 노동자 출신으로 앤드류 카네기에 의해 발탁돼 훗날 U. S 철강회사 사장이 된 찰스 스왑이다.

찰스 스왑이 볼일을 보는 동안 윌리엄스는 그를 따라다니며 그가 필요로 하는 것은 도와주었다. 그의 모습에 흐뭇한 표정을 지으며 찰스 스왑이 말했다.

"윌리엄스, 날 따라 다니는 게 불편하지 않아요?"

"아닙니다. 제가 원하는 일이라 즐겁습니다."

윌리엄스는 환하게 웃으며 말했다.

"즐겁다니 나 또한 기분이 좋군요."

윌리엄스의 말에 찰스 스왑은 기분 좋게 웃으며 말했다. 윌리엄스의 도움으로 기분 좋게 일을 마치고 나서 찰스 스왑이 말했다.

"윌리엄스, 나와 함께 갑시다."

"네? 어딜 말입니까?"

"윌리엄스에게 내가 맡길 일이 있어요."

"네, 알겠습니다."

윌리엄스는 더 이상 이렇다 저렇다 물어보지도 않은 채 그를 따라 나섰다.

철강 회사를 떠나는 찰스 스왑의 차에는 윌리엄스가 타고 있었다.

뉴욕에 도착한 다음 날 찰스 스왑은 윌리엄스를 사무실로 불렀다. 부름을 받은 윌리엄스는 빠른 동작으로 사장 사무실로 갔다.

"부르셨습니까? 사장님."

윌리엄스는 인사를 하며 말했다.

"어서 오세요. 오늘부터 나를 보좌하는 업무를 맡아주세요."

"네, 제가요?"

찰스 스왑의 말을 듣고 깜짝 놀란 얼굴로 윌리엄스가 말했다. 어제까지만 해도 지방 철강회사 속기사였는데 본사에서 그것도 사장을 보좌하라니 놀라는 것은 당연했다.

"하하, 왜요? 너무 놀랐나요?"

"네, 사장님. 저 같은 사람이 어떻게 사장님 같은 분을 모실 수 있을까, 너무 뜻밖이라서 놀랐습니다."

윌리엄스는 자신의 감정을 정직하게 말했다.

"윌리엄스가 어때서요? 나는 당신이 누구보다도 나를 잘 도와주리라 믿습니다. 윌리엄스는 충분히 그럴 자격이 있어요."

"감사합니다, 사장님. 많이 부족하지만 사장님께서 믿어주시는 만큼 최선을 다하겠습니다."

"그래요. 내 뜻을 받아줘서 고마워요."

"아닙니다, 사장님. 저야말로 너무 감사합니다."

그날 이후 윌리엄스는 찰스 스왑을 위해 열심히 노력하였다. 그러자 찰스 스왑은 매우 만족해하며 자신의 선택에 대해 만족해하였다.

세월이 흘러 윌리엄스는 U. S 철강회사 계열인 제약회사의 대주주가 됨과 동시에 사장으로 임명되었다. 그는 지방 철강 회사 말단 속기사에서 사장이란 직책과 막대한 부를 쌓아 입지전적인 인물이 되었다.

"저, 제가 도울 일이 있을까 해서 왔습니다. 혹시라도 제 도움이 필요하시다면 말씀해 주세요."

이 말은 찰스 스왑을 감동하게 했으며, 윌리엄스는 이 한마디로 자신의 인생을 성공적으로 완성하였다.

사람을 움직이는 말은 멋지고 세련되고 그럴듯하게 포장된 말이 아니다. 다소 서툴고 투박해도 진심이 담긴 진정성 있는 말이다. 당신이 친해지길 바라는 누군가의 마음을 사야 한다면 번지르르 말보다는 당신의 진정성을 담아 진심을 보여주어라. 그랬을 때 당신은 당신이 원하는 것을 얻게 될 것이다.

Long Hard Think

·

·

·

상대를 감동시키는 말은 세련되고 멋진 말이 아니다. 또한 유식한 말로 포장된 번지르르한 말도 아니다. 진심을 담은 진정성 있는 말이다. 진정성 있는 말이 사람의 마음을 움직이는 것은 상대에게 나를 믿어도 좋다는 '마음의 보증수표'와도 같기 때문이다. 진정성 있게 말하고 진정성 있게 행동하라.

꿈으로 가득 찬 말

> 나는 바로 이 순간, 꿈이 이루어질 것을 확신합니다. 오늘 이 시간 나와 함께 해주신
> 여러분들에게 늘 행복과 기쁨이 함께 하기를 축복합니다.
>
> - 프랭크 갠솔러스

꿈으로 가득 찬 사람의 말은 긍정의 에너지가 넘친다. 그래서 그의 입을 통해서 나오는 말은 사람들에게 강한 믿음을 주고, 확신을 갖게 만든다. 또한 꿈으로 가득 찬 사람의 말은 언제나 희망적이고 미래지향적이어서 사람들의 마음을 즐겁게 한다.

가진 것 하나 없지만 너무도 간절하고 생생한 꿈을 가짐으로써 놀라운 기적을 이뤄낸 감동적인 이야기이다.

젊은 목사 프랭크 갠솔러스의 가슴은 뜨거운 열망의 꿈으로 가득 차 있었다. 그는 지금과는 전혀 다른 대학을 설립하는 계획을 갖고 있었다. 하지만 그의 주머니엔 아무것도 없었다. 그런 그가 그처럼 원대한 꿈을 갖는다는 것은 어찌 보면 무모한 일처럼 보여

질 수도 있다. 그러나 큰 꿈을 이룬 사람들 가운데는 갠솔러스처럼 아무것도 가진 게 없는 사람들이 많았다.

"하나님, 저는 아무것도 가진 게 없습니다. 그러나 저에겐 꿈에 대한 강한 확신이 있습니다. 첫째는 나의 생명이 되시고, 나의 모든 것을 주관하시는 하나님이 계십니다. 둘째, 나는 불가능을 믿지 않습니다. 나에게는 가능성만 있습니다. 셋째는 내가 이루고자 하는 꿈은 내 개인을 위한 것이 아닌, 이 나라의 젊은이들을 위한 것입니다. 내가 세운 대학에서 그들을 가르침으로써 이 나라의 동량이 되게 하고 싶습니다. 넷째는 미래를 더욱 아름답고 보람 있는 시대로 만들기 위해서입니다. 하나님, 내가 이 일을 하기 위해서는 100만 달러가 필요합니다. 나의 꿈을 이루게 도와주십시오."

갠솔러스는 날마다 이렇게 기도하며 자신의 꿈을 이룰 수 있는 기회를 찾고 구하고 두드렸다.

그러던 어느 날 갠솔러스는 아이디어가 떠올랐다. '100만 달러가 나에게 있다면 하고 싶은 일'이라는 제목으로 이번 일요일에 설교를 하기로 계획을 세웠다. 그리고 그 계획을 신문에 실었다. 갠솔러스는 신문에 실린 자신의 기사를 보고, 기쁨의 미소를 지으며 이렇게 말했다.

"내 꿈은 반드시 이뤄질 것이다. 나는 내 꿈을 믿는다."

그의 가슴은 뜨거운 열망으로 가득 차올랐다.

일요일 아침 갠솔러스는 희망으로 가득 찬 모습으로 설교를 하기 위해 단상으로 올라갔다. 그는 사람들을 죽 둘러보았다. 많은 사람들이 호기심 가득한 눈으로 자신을 바라보고 있다는 것에 큰 만족감을 느끼자 더욱 힘이 샘솟았다. 갠솔러스는 힘차게 설교를 하기 시작했다. 다음은 그가 한 설교의 요지이다.

"나에게는 꿈이 있습니다. 그 꿈은 대학을 세우는 것입니다. 그래서 젊은이들에게 꿈을 심어주고, 그들이 이 나라를 위해 동량이 되게 하는 것입니다. 그런데 나에게는 가진 게 아무것도 없습니다. 오직, 꿈을 이룰 수 있다는 강한 확신과 찬란한 미래가 불타고 있습니다. 나는 바로 이 순간, 꿈이 이루어질 것을 확신합니다. 오늘 이 시간 나와 함께 해주신 여러분들에게 늘 행복과 기쁨이 함께 하기를 축복합니다."

갠솔러스의 설교는 열정으로 가득 넘쳤다. 그의 설교를 듣는 사람들의 얼굴은 만족감에서 오는 충만함으로 환하게 빛났다.
"목사님 설교는 참 감동적이었습니다."
사람들마다 다가와 이렇게 말했지만, 후원을 하겠다는 사람은 없었다.
'오늘 내 설교가 실패로 끝나는 걸까. 아니야, 그럴 순 없어. 난

오늘 내 꿈을 이룰 수 있다고 확신해.'

갠솔러스는 이렇게 생각하며 두 주먹을 불끈 쥐었다. 그런데 바로 그때 그의 앞으로 어떤 남자가 다가왔다.

"목사님, 설교가 너무도 감동적이었습니다."

"그렇게 생각하셨다니, 저 또한 마음이 흐뭇합니다."

갠솔러스는 남자의 말에 기분 좋은 표정을 지으며 웃었다. 그리고 혹시 이 사람이 꿈을 이루게 할 '꿈의 천사'가 아닐까, 생각했다.

"목사님, 저는 필립 아머라고 합니다. 내일 아침 제 사무실로 오십시오. 제가 100만 달러를 후원하겠습니다."

남자는 명함을 주며 말했다. 그는 육류 포장회사인 '아머 앤 컴퍼니'의 창업주였다.

"그 말씀, 정말입니까?"

갠솔러스는 너무도 놀란 나머지 이렇게 말했다.

"네, 그렇습니다."

필립 아머는 빙그레 웃으며 말했다.

"감사합니다. 아주 요긴하고 희망적으로 쓰일 것입니다."

갠솔러스는 이렇게 말하며 기쁨의 미소를 지었다. 갠솔러스는 필립 아머로부터 후원받은 돈으로 자신이 꿈꾸던 대학을 설립하였다. 그 대학은 미국에서도 명문 중에 명문으로 손꼽히는 일리노이 공과대학의 전신이다.

꿈으로 가득 찬 말은 감동을 준다. 긍정의 에너지가 살아 넘치기 때문이다.

> "나는 바로 이 순간, 꿈이 이루어질 것을 확신합니다. 오늘 이 시간 나와 함께 해주신 여러분들에게 늘 행복과 기쁨이 함께하기를 축복합니다."

갠솔러스가 설교 중에 했던 이 말을 보라. 얼마나 힘이 넘치고 생생한 울림을 주는가를. 필립 아머가 감동을 받은 것은 바로 이 말 때문이었다. 필립 아머는 이 말을 듣는 순간, '내가 그 돈을 기부할 것이다'라는 생각을 하게 된 것이다.

아무리 멋지게 포장을 한다고 해도 진정성이 없는 말은 감동을 주지 못한다. 그 말은 소리 나지 않는 꽹과리와도 같기 때문이다.

만일 당신이 누군가의 마음을 움직이고 싶다면, 꿈으로 가득 찬 당신의 말로 그를 감동시켜라. 그가 감동하는 순간 당신은 원하는 것을 얻게 될 것이다.

Long Hard Think

．
．
．

자신이 누군가로부터 도움 받기를 바란다면, 상대를 감동
시킬 수 있어야 한다. 이때 꿈으로 가득 찬 말은 사람을 감
동시킨다. 그 말에는 긍정의 에너지가 넘쳐흐르기 때문이
다. 꿈으로 가득 찬 말은 꿈을 이루게 도와준다. 꿈으로 가
득 찬 말은 '희망의 보석'이기 때문이다.

WORDS THAT CHANGE YOUR LIFE CHAPTER 2

뱅크 오브 아메리카
설립자

아마데오
피터 지아니니

애플도어사 회장을 사로잡은 정주영의 뚝심

회장님 역시 안 될 거라는 생각만 할 뿐 성공할 수도 있겠다, 라는 생각은 전혀 하지 않습니다.
그것이 나와 다른 점인데 나는 해보지 않고서는 안 될 거라는 말을 하지 않습니다.
왠지 아십니까? 이 세상에 사람이 해서 안 되는 일은 없다고 믿기 때문입니다.

- 정주영

대한민국 건국 이래 맨주먹으로 대한민국의 경제역사를 새롭게 쓰며 기적을 이뤄낸 가장 독보적이며 가장 위대한 업적을 남긴 정주영.

그는 강원도 통천의 가난한 시골에서 태어나 부두 막노동꾼을 거쳐 쌀가게 배달부, 쌀가게 주인, 자동차 수리업자로 그리고 건설업을 하며 정직과 신용으로 경제적 발판을 마련하며 우리나라 최대 기업인 현대그룹 CEO가 되었다. 그뿐만이 아니라 우리나라 경제계 최고의 수장인 전국경제인연합회 회장을 무려 다섯 번이나 연임을 한, 그야말로 우리나라 경제계의 전무후무한 전설이다.

정주영의 수많은 일화 중 그가 조선소를 세우게 된 이야기이다.

정주영이 조선 산업의 불모지인 대한민국에 조선소를 세우기로 한 이유는 첫째, 조선은 리스크가 큰 업종이긴 하지만 많은 이들에게 직장을 제공할 수 있고 조선과 연관된 많은 산업을 일으킬 수 있는 종합기계공업이기 때문이다. 둘째, 외화가 필요했기 때문이다. 현대는 해외 진출로 외화를 벌었지만 리스크에 비해 규모가 턱없이 작았다. 그래서 늘 외화벌이에 대한 갈증으로 목말라 있었다. 그런데다 오래전부터 조선소를 만들 계획을 세우고 있었다.

"현대건설은 종합 건설회사입니다. 우리는 기계, 전기기술자, 건축기술을 가지고 있습니다. 그렇다면 조선소를 한번 만들어 봅시다. 국내 기술로 몇 천만, 몇 억 달러짜리 배를 수주한다면 해외건설보다 오히려 안전할 것입니다."

이는 조선소를 세우기 위한 정주영의 간절한 마음이 담긴 말이다.

그런데 그의 생각을 알고 있는 임직원들은 많은 우려를 하고 있었다. 조선소를 설립한다는 것은 생각처럼 쉬운 일이 아니기 때문이다. 많은 재원이 있어야 하고 고도화된 기술력 그리고 수출에 대한 확신이 있어야 한다. 현대의 기술력이나 규모는 그때까지만 해도 세계 유수한 기업들에 비하면 걸음마 수준이었다. 이것이 조선소 설립을 우려하는 임직원들의 고민이었다. 하지만 정주영의 생각은 달랐다. 그의 가슴속엔 이미 완성된 조선소의 웅장한 모습이 그려져 있었다.

정주영이 이런저런 많은 우려 속에서도 조선소 설립을 굳힐 수 있었던 것은 "밥풀 한 알만한 가능성이라도 있으면 그것을 출발점으로 해서 점점 크게 발전시켜 더욱 큰 것으로 만들어 내는 것이 나의 특기이다."라는 평소의 그의 지론 때문이었다.

그랬다. 정주영은 작은 밀알을 수많은 열매가 되게 하는 탁월한 능력을 갖고 있었다. 하지만 앞에서 말했듯이 그런 그의 마음을 읽어내고 알아주는 사람은 별로 없었다. 왜냐하면 그의 생각이 때론 돈키호테와도 같아 도무지 상식적으로는 이해가 되지 않았기 때문이다. 조선소를 세우기로 한 그의 발상 자체가 바로 그러했던 것이다. 그는 조선 산업엔 문외한이었지만 건설업을 하는 건설업자적인 발상으로 추진하려 했던 것이다. 그러니 주변 사람들이 그의 생각을 어찌 온당한 발상이라고 할 수 있을까. 하지만 놀랍게도 그동안 그가 마음먹은 일은 반드시 이루어졌던 것이다. 이를 보더라도 그의 능력은 탁월하다 못해 그저 놀라움 그 자체였다.

정주영은 조선소를 건설하기 위해 차관이 필요했다. 장기저리 차관을 통해 조선소를 건설하기로 한 것이다. 그는 차관과 기술력을 유럽에서 구하기로 계획을 세웠다. 그러고는 한 치의 망설임도 없이 맨주먹을 불끈 쥐고 영국 런던으로 날아갔다. 그는 애플도어사의 회장을 만나 도움을 요청했다.

"회장님, 우리나라는 조선소가 필요합니다. 그런데 우리에겐 돈도 없고 기술력도 부족합니다. 그러나 우리에겐 충분한 가능성이 있습니다. 우리는 불가능을 믿지 않습니다. 우리를 도와주십시오. 우리를 돕는 것이 장차 애플도어사에겐 큰 유익이 될 것입니다."

애플도어사는 조선소 건설을 위해 기술 협조 계약을 체결한 회사이다.

"좋은 생각을 갖고 계시는 군요. 하지만 아무리 생각이 좋다고 해도 기술력과 자본을 갖지 않고서는 조선소를 만들 수 없습니다."

애플도어사의 회장은 정주영의 요청에 난감한 표정을 지었다. 그 이유는 선주도 나타나지 않았고 한국의 상환능력과 잠재력에 대한 불신 때문이었다. 정주영은 난감해 하는 애플도어사 회장 면전에서 주머니에 들어있던 500백 원짜리 지폐를 꺼내 테이블 위에 올려놓았다. 그러고는 돈에 그려진 거북선을 보여주며 강한 어조로 말했다.

"회장님, 우리나라는 1500년대에 이미 철갑선을 만들었습니다. 영국의 조선 역사는 1800년대이지만 우리가 300년은 앞섰습니다. 다만 쇄국정책으로 산업화가 늦어진 것뿐이지 아이디어가 녹슨 것은 아닙니다. 그러니 우리를 믿고 도와주십시오."

"하지만 그것은 어디까지나 과거일 뿐이고, 지금은 그렇지 않잖습니까. 그런데 우리가 어떻게 현대를 믿을 수 있겠습니까?"

"그렇지 않습니다. 다른 사람들은 몰라도 나는 반드시 해 낼 수 있습니다. 나에게 불가능은 없습니다. 나에겐 오직 가능성만 있습니다. 이것이 내가 다른 사람들 하고 다른 점입니다."

"그래요. 나도 그렇게 믿고 싶습니다. 하지만 우리는 어디까지나 근거를 갖고 계획을 세우고 그 계획에 맞춰 일을 추진합니다. 그런데 현대는 우리가 믿을 수 있는 실체적인 것은 없고 오직 계획만 보여주니 우리가 어떻게 믿을 수 있겠습니까."

애플도어사 회장의 논리적인 말에 정주영의 입술은 바짝 타들어갔지만 여기서 밀리면 끝장이라는 심정으로 다시 한 번 강하게 밀어붙였다.

"맞습니다. 회장님의 말이 백 번 천 번 맞습니다. 그러나 내 말대로 해보지는 않았잖습니까? 회장님 역시 안 될 거라는 생각만 할 뿐 성공할 수도 있겠다, 라는 생각은 전혀 하지 않습니다. 그것이 나와 다른 점인데 나는 해보지 않고서는 안 될 거라는 말을 하지 않습니다. 왠지 아십니까? 이 세상에 사람이 해서 안 되는 일은 없다고 믿기 때문입니다."

거듭된 그의 주장을 넌지시 바라보던 애플도어사 회장은 고개를 끄덕이며 빙그레 웃으며 말했다.

"좋습니다. 그런 정신이라면 나는 현대를 믿겠습니다. 나는 많은 사람들을 만나봤지만 정 회장님 같이 신념이 굳은 사람은 본 적이 없습니다."

그러고는 정주영이 버클레이 은행으로부터 치관 도입을 실현시킬 수 있도록 도움을 주었다. 정주영은 버클레이 은행과 밀고 당기는 협상 끝에 마침내 영국 수출보증기구의 총재로부터 차관 보증을 서겠다는 승낙을 받았다. 그리고 차관을 받아 허허벌판에 조선소를 짓고 그리스 거물 해운업자인 리바노스로부터 26만 톤급 배 2척을 주문받아 마침내 길이 270m, 높이 27m의 배를 만들어냈다. 이는 하나의 기적이었다. 아니, 기적이라고 말할 수밖에 없었다.

정주영은 자신 스스로가 너무도 대견했다. 넘쳐흐르는 흥분을 감추지 못할 만큼 너무 좋아했다. 그를 조롱하고 비웃고 무모한 짓이라며 손가락질을 해댔던 사람들에게 멋지게 갚아주었던 것이다. 이를 계기로 현대는 세계 제일의 조선 산업을 꿈꾸었고 드디어 세계 제일의 조선소가 되었다.

"회장님 역시 안 될 거라는 생각만할 뿐 성공할 수도 있겠다, 라는 생각은 전혀 하지 않습니다. 그것이 나와 다른 점인데 나는 해보지 않고서는 안 될 거라는 말을 하지 않습니다. 왠지 아십니까? 이 세상에 사람이 해서 안 되는 일은 없다고 믿기 때문입니다."

이는 정주영이 애플도어사 회장의 마음을 움직인 말이다. 애플도어사 회장은 배를 만든 경험도 없고 돈도 없는 정주영의 이 말 한마디에 감동을 받고 그가 영국 은행으로부터 차관을 받을 수 있도록 적극적으로 도움을 주었다.

조선 산업의 불모지인 대한민국에 조선소를 건립하는 것은 정주영의 꿈이었다. 그리고 마침내 그 꿈을 이루었다.

꿈을 꾸는 것은 쉽다. 그러나 그 꿈을 실현시키는 것은 무척이나 어렵다. 그렇기에 꿈은 아무나 이룰 수 없는 것이다. 꿈을 이루기 위해서는 반드시 그 꿈을 이루겠다는 강한 신념과 믿음으로 밀고 나가야 한다. 그리고 불가능을 생각해서는 안 된다. 항상 할 수 있다는 믿음으로 가득 차 있어야 한다. 정주영은 바로 그런 사람이었다.

당신도 꿈을 이루고 싶다면 당신의 생각을 긍정의 에너지로 가득 채워라. 그리고 정주영이 그랬듯이 자신을 믿고 실천하라. 그러면 당신 또한 당신의 꿈을 완성하게 될 것이다.

Long Hard Think

누군가를 설득하여 도움 받기를 바란다면 적극적으로 어필해야 한다. 자신감 넘치는 표정과 나에게 불가능은 없다는 강한 확신을 심어주어야 한다. 사람은 누구나 그런 사람을 믿고 신뢰하게 됨으로써 도움을 주게 된다. 자신이 필요로 하는 것은 얻고 싶다면 매사를 긍정적으로 생각하고, 적극적으로 어필하라.

제리의 마음을 움직인 하워드 슐츠의 열정

스타벅스는 당신의 비전입니다. 당신은 그것을 성취할 수 있는 유일한 분입니다.
그들이 당신의 가슴 속에 담긴 꿈을 빼앗아 가도록 허용하지 마시기 바랍니다.
- 하워드 슐츠

세계 제일의 커피 전문 회사 〈스타벅스〉의 CEO인 하워드 슐츠. 그는 감성을 접목시킨 마케팅으로 기존 커피 전문점과는 전혀 다른 스타벅스만의 강점을 부각시킴으로써 전 세계에 17,000여 개가 넘는 스타벅스 체인점을 가지고 있는 최고의 커피 재벌이다.

지독한 가난으로 미국 연방정부보조주택 지역인 브루클린 카니지 빈민촌에서 생활해야만 했던 하워드 슐츠는 어린 시절부터 가난으로 인해 자신이 원하는 것을 한 번도 이루지 못한 아버지의 불만스러워하는 모습을 지켜보며 다짐했다. 노동자였던 아버지는 평생을 삶과 불화하며 살았지만, 자신은 반드시 자신이 원하는 삶을 살겠다고 말이다.

또한 배우지 못한 아버지가 가진 자들로부터 멸시와 천대를 받으며 부당한 대우에 좌절하며 절망할 때 자신은 반드시 자신이 원하는 삶을 살되 어려운 사람들을 인격적으로 잘 대해주겠다고 굳게 맹세하며 어린 시절 가난을 이겨냈다. 미식축구 특기생으로 노던 미시건 대학을 마친 그는 제록스사에 입사하여 세일즈를 하며 사회에 발을 들여 놓았다. 그는 집념과 끈기를 바탕으로 세일즈를 펼치며 그 지역 최고의 프로 세일즈맨이 되었다.

생활의 안정을 찾은 그는 자신감으로 충만해 있던 중 더 큰 도약을 위해 스웨덴에 본사를 둔 퍼스토프에 입사하였다. 그리고 그는 퍼스토프가 미국에 세운 가정용품 회사인 해마플라스트의 부사장으로 발령을 받았다. 그에게 연봉 75,000달러에 승용차와 판공비 등의 혜택이 주어졌다. 그는 3년 동안 열심히 일했다.

그러던 중 우연히 시애틀에 있는 스타벅스에 관심을 갖게 되었고, 발전 가능성을 발견하였다. 슐츠는 스타벅스에서 꿈을 발견하고는 시간을 내서 시애틀로 갔다. 그는 경영자인 제리 볼드윈과 만나 많은 이야기를 나눴다. 그러는 가운데 둘은 친분을 쌓았고, 슐츠는 스타벅스에서 일하게 된다면 마케팅을 주도하고 소매점을 감독하겠다는 생각을 말했다. 그리고 스타벅스의 지분을 조금 갖고 싶다고 말했다. 제리는 슐츠의 생각을 긍정적으로 받아들이며 고개를 끄덕였다. 하지만 수락을 한 것은 아니었다.

1982년 봄 제리와 고든은 슐츠를 샌프란시스코로 초대하여 저녁식사를 하며 주주이자 자신들의 파트너인 스티브 도노반을 소개시켰다. 슐츠는 그동안의 자신의 노력이 결실을 맺는 것은 아닐까, 하고 확신하였다.

슐츠는 저녁식사를 하며 "당신들은 정말이지 진짜 보석을 얻었습니다."라고 말하며 자신의 원대한 생각을 펼쳐 보이며 열정을 토했다. 그들은 슐츠의 말에 귀 기울이며 경청하였다.

이야기를 마친 슐츠는 확신을 갖고 호텔로 돌아왔지만 잠을 이루지 못했다. 슐츠는 뉴욕에 있는 사무실로 돌아와 있던 중 제리의 전화를 받았다. 제리는 미안하다며 말했다. 순간 슐츠는 눈앞이 캄캄하였다. 그의 확신이 물거품이 되었던 것이다.

슐츠는 하루를 보낸 끝에 다음 날 제리에게 전화를 걸어 당신들은 너무도 잘못을 하고 있다고 말했다. 그리고 자신의 생각을 차분하고 조리 있게 말하며 자신의 입사를 허락하지 않는 정확한 이유가 무엇이냐며 물었다.

그러자 제리는 자신의 파트너들이 슐츠가 주도적으로 회사의 변화를 이끄는 것을 원치 않는다고 말했다. 이에 슐츠는 다음과 같이 말했다.

"그것이 문제입니까? 그것은 하나도 문제될 게 없습니다. 문제가 있다면 새로운 변화를 두려워해서 스타벅스가 발전하는 것을 가로막는 그들입니다. 제리, 내 말을 잘 들으십시오. 스타벅스는 당신의 비전입니다. 당신은 그것을 성취할 수 있는 유일한 분입니다. 그들이 당신의 가슴속에 담긴 꿈을 빼앗아 가도록 허용하지 마시기 바랍니다."

제리는 슐츠의 말을 듣고 오늘밤 다시 생각해보고 전화를 하겠다고 말했다. 다음 날 아침 슐츠는 초조하게 제리의 전화를 기다리는데 그로부터 전화가 왔다.

"슐츠, 당신이 옳았습니다. 우리는 전진할 것입니다. 나와 함께 일합시다. 그럼 언제 올 수 있습니까?"

"이곳을 정리하는 대로 가겠습니다."

"알겠습니다. 그럼 정리하는 대로 오세요."

"네, 그럼 그때 뵙지요."

슐츠는 전화를 끊고 쾌재를 불렀다. 그러고는 해마플라스트의 부사장직과 75,000달러의 연봉과 승용차와 판공비 등의 혜택을 모두 내려놓고 구멍가게와도 같은 스타벅스에 입사하였다.

슐츠는 입사 후 열정을 다 바쳐 일했다. 그는 입사한 지 1년이 지난 어느 날 이탈리아에 가게 되었다. 그곳에서 그는 자신의 인생을 완전히 바꾸는 계기가 되는 것들을 목격하였다. 거리마다 수없이 늘어선 커피숍의 모습에 전율이 일만큼 감동하였다. 가족적이고 예술적인 분위기가 물씬 풍겨나는 모습은 미국에서는 상상

하지 못했던 새롭고 신선한 충격을 주었던 것이다.

미국으로 돌아온 슐츠는 이탈리아 스타일을 미국에 도입하는 계획을 세우고, 스타벅스 세 명의 경영자들을 설득했지만 결국 실패하고 말았다. 그러나 그는 자신이 직접 커피회사를 경영할 계획을 세우고 투자자를 모집하였다. 수많은 우여곡절을 겪으며 드디어 〈일 지오날레〉를 창업하였다. 하지만 그의 마음속엔 스타벅스를 인수하는 꿈이 언제나 풀빛처럼 빛났다. 그는 자신의 꿈을 위해 사람들을 설득하며 차근차근 준비해 나갔다.

그리고 마침내 1987년 스타벅스를 인수하고 CEO가 되었다. 이 당시 스타벅스는 작은 구멍가게에 불과했지만, 슐츠는 스타벅스에서 꿈을 보았고 자신의 인생을 올인하였던 것이다.

많은 사람들은 슐츠의 계획에 대해 부정적으로 생각했지만, 그의 생각을 따르는 사람들과 자신의 확신을 믿으며 꿈의 바다를 향해 힘차게 출항을 시작했다. 고객들이 자신의 집에서 편안하게 커피를 마시듯 인테리어를 비롯한 음악 등 하나하나에도 세심하게 주의를 기울였다. 뿐만 아니라 바리스타와 매장 직원들은 고객들에게 최선을 다하는, 품격이 다른 서비스로 고객들에게 감동을 주었다. 고객들은 커피 맛에 민감하고, 자신들이 받는 서비스를 당연한 권리로 인식한다는 점을 잘 적용한 결과였다.

그 후 10년이 지난 스타벅스는 직원 25,000여 명과 미국과 세계각지에 13,000여 개의 커피체인점을 거느린 대규모 커피회사로 성장하였다. 그리고 그는 스타벅스를 떠났다. 그가 떠난 스타벅스는 서서히 내리막길을 걷기 시작했다. 그는 2008년 글로벌 금융위기와 주가 폭락으로 심각한 위기에 빠진 스타벅스를 구하기 위해 다시 경영을 맡아, 3년 만에 흑자로 돌려놓았다. 그리고 더 크게, 더 높이 스타벅스를 성장시키는 저력을 보여주며 지금의 스타벅스를 이뤄냈다.

2019년 현재 스타벅스 체인점은 전 세계적으로 약 30,000여 개 달한다. 참으로 놀라운 일이 아닐 수 없다. 슐츠는 참된 기업이란 무엇이며, 참경영이란 무엇인가를 온몸으로 보여준 이 시대 최고의 감성 마케터이다.

> "스타벅스는 당신의 비전입니다. 당신은 그것을 성취할 수 있는 유일한 분입니다. 그들이 당신의 가슴속에 담긴 꿈을 빼앗아 가도록 허용하지 마시기 바랍니다."

이 말은 슐츠가 제리의 마음을 움직이게 한 말로, 이 말 한마디가 결국 오늘날의 슐츠를 있게 한 원동력이었다. 사람을 움직이는 말은 단순한 것 같지만 세상을 바꿀만한 큰 힘을 갖고 있다.

당신이 누군가의 마음을 움직임으로써 당신이 원하는 것을 얻기를 바란다면 그가 원하는 것이 무엇인지를 면밀히 검토하라. 그리고 그것에 맞는 말을 최대한 잘 살려서 말하라. 그 말 한마디가 당신이 원하는 것을 이루게 해줌으로써 당신이 바라는 최고의 인생을 살게 될 것이다.

Long Hard Think

· · ·

사람의 마음을 움직이는 것은 화려하고 거창한 말이 아니다. 단순하더라도 상대가 듣고 싶은 말을 하는 것이다. 물론 여기엔 자신의 진정성을 담아내야 한다. 진정성이 담긴 말은 말의 보석과도 같기 때문이다. 말의 보석을 어떻게 갈고닦아야 하는지는 결국 자신이 선택해야 할 몫이다.

골든 롤 매거진 편집장의 성공비결

아닙니다. 나는 이미 충분히 받았다고 생각합니다.
좋은 기삿거리를 얻을 수 있어 강연회에 초청해주신 데 대해 다시 한 번 감사드립니다.
－ 골든 롤 매거진 편집장

인간관계에 있어 사람의 마음을 움직인다는 것은 매우 중요하다. 그래야 그 사람으로부터 자신이 원하는 것을 얻어낼 수 있을 뿐만 아니라, 그 사람과 좋은 관계를 이어갈 수 있기 때문이다.

사람의 마음을 움직이는 것은 상대에 따라 각기 다를 수 있다. 작은 일에도 칭찬해주는 것을 좋아하는 사람, 작은 선물이라도 주는 것을 좋아하는 사람, 자신의 얘기를 잘 들어주는 것을 좋아하는 사람, 자신의 일거수일투족에 관심을 가져주는 사람을 좋아하는 사람 등 상대의 성격에 기인하는 바가 크다.

사람들과 인간관계를 잘 하고 싶다면 특히, 자신이 원하는 것을 얻기 위해서는 그 사람의 특성을 잘 알고 그에 맞게 대하는 것이 매우 효율적이라는 사실을 간과해서는 안 된다. 또한 대가를 받았다고 생각하면 더 이상의 대가는 바라지 않아도 좋다. 그로 인해 생각지도 못할 엄청난 대가가 주어지기 때문이다. 이에 대한 이야기이다.

미국의 〈골든 롤 매거진〉의 편집장은 어느 날 아이오와주 대븐포트에 있는 파머대학으로부터 강연을 해 달라는 초청을 받았다. 그는 100달러의 강연료와 여행경비를 받고 초청에 응했다.

편집장은 강연일정에 맞춰 파머대학으로 갔다. 그는 그곳에 머무는 동안 운 좋게도 잡지에 필요한 몇 가지 기삿거리를 얻었다. 멋지게 강연을 마친 후 그가 시카고로 돌아가기 위해 바삐 준비를 하던 중 대학교 경리담당자로부터 강연료와 경비를 수표로 계산해주겠다는 연락을 받았다.

"강연료와 경비는 안 받아도 됩니다."

"강연료와 경비를 안 받아도 된다니 그게 무슨 말입니까?"

편집장의 말에 경리담당자는 의아해 하며 말했다.

"나는 이 대학에서 잡지에 실을 몇 가지 기삿거리를 얻었거든요. 그거면 충분합니다."

"아, 그래요. 하지만 그것과 강연료는 상관없는 일이 아닙니까?"

경리담당자는 편집장의 말에 이렇게 말하며 강연료와 경비를 정산해 주겠다고 거듭 말했다.

"아닙니다. 나는 이미 충분히 받았다고 생각합니다. 좋은 기삿거리를 얻을 수 있어 강연회에 초청해주신 데 대해 다시 한 번 감사드립니다."

편집장은 이렇게 말하며 오히려 자신이 감사하다고 말했다. 경리담당직원은 그의 말에 큰 감동을 받았다. 편집장은 기분 좋은 표정을 지으며 시카고로 돌아왔다.

그런데 다음 주에 놀라운 일이 벌어졌다. 대븐포트에서 잡지 정기구독 신청이 무더기로 들어왔다.

"이게 어찌된 일이지?"

편집장은 너무도 뜻밖의 일에 놀라 입을 다물지 못했다. 그는 즉시 누가 잡지를 구독 신청했는지 알아보았다. 하지만 알 수가 없었다.

그러던 어느 날 파머대학으로부터 편지가 왔다. 편집장은 재빨리 편지 봉투를 열었다. 편지의 내용은 이러했다.

편집장님,

지난 번 우리 대학에 강연회 오셔서 좋은 강의를 해주신 데 대해 다시 한 번 감사드립니다. 그런데 강의료와 경비도 받지 않고 가신 것을 우리 대학교 학생들이 알고는 자발적으로 잡지 정기구독을 신청한 것입니다.

앞으로 저희 대학에서 하는 강연회에 편집장님을 다시 모실 수 있는 기회가 되어, 초청을 하게 되면 마다하지 마시고 멋진 강연을 들을 수 있는 기회를 주시기 바랍니다.

고맙습니다.

편집장은 편지를 읽고 기쁨을 감추지 못했다. 자신은 아무렇지도 않게 한 행동이었는데, 그처럼 고마움을 전해주다니 그저 감사할 따름이었다.

그 후 2년 동안 파머대학의 재학생과 졸업생들은 잡지 구독료로 5만 달러를 보내왔다. 그런데다 이 이야기가 잡지에 실리게 되었고, 전 세계적으로 알려지게 되었다. 감동을 받은 사람들은 너도 나도 잡지를 구독하였고, 해외에서도 잡지를 구독하였다.

편집장이 취한 단순한 행동에 많은 사람들이 감동을 했고, 그 대가는 실로 그에게 엄청난 부를 가져다주었다.

"아닙니다. 나는 이미 충분히 받았다고 생각합니다. 좋은 기삿거리를 얻을 수 있어 강연회에 초청해주신 데 대해 다시 한번 감사드립니다."

이 말은 편집장이 파머대학의 경리담당자에게 한 말로, 이에 감동을 받은 경리담당자는 이를 대학에 알렸고, 대학은 이 사실을 게시판에 올려 편집장의 아름다운 행동을 널리 알렸다. 이에 졸업생들과 재학생들은 큰 감동을 받고 편집장에게 멋진 보상을 해준 것이다.

사람들은 계산이 깔리지 않은 단순한 행동에 더 큰 감동을 받는다. 만일 당신에게 이와 비슷한 일이 주어질지도 모른다. 그러면 당신 또한 편집장이 했듯이 해보라. 어떤 일이 주어질지.

사람들에게 감동을 주는 일은 그 어떤 것보다도 가치가 있다. 가치 있는 일에 당신의 열정을 쏟아부어라. 그 열정의 대가는 반드시 '기쁨의 새'가 되어 당신에게 날아올 것이다.

Long Hard Think

·
·
·
·

자신이 한 일에 대해 대가를 받는 것은 지극히 당연한 일이다. 대가를 받는다는 것은 그 일에 대한 정당한 권리이기 때문이다. 그런데 다른 것으로 대가를 받았다고 생각한다면 더이상의 대가를 바라지 않아도 좋다. 왜냐하면 그로 인해 상대에게 감동을 줌으로써 놀라운 대가가 주어질지도 모른다. 감동을 주는 말은 사람의 마음을 움직이는 힘이 그 무엇보다 세다는 것을 잊지 마라.

윌리엄 듀런트를 감동시킨
은행원 캐롤 다운즈

저는 업무를 파악한 후 그 일을 잘 할 수 있는 사람을 가려 일을 맡겼을 뿐입니다.
그러니까 그 일은 그 사람들이 한 것입니다.
- 캐롤 다운즈

사람은 누구나 자신을 친절하게 대해주는 사람을 좋아한다. 친절은 사람의 마음속에 즐거움을 불어넣는 '기쁨의 펌프'와 같기 때문이다. 그래서 친절한 사람은 어디를 가든 거부감이 없고, 누구에게나 좋은 이미지를 심어준다. 그로 인해 친절한 사람은 뜻하지 않은 행운을 얻기도 한다. 이에 대한 이야기이다.

어느 날 제너럴 모터스의 창업자인 윌리엄 듀런트는 은행 업무가 끝난 시간에도 불구하고 저벅저벅 은행으로 걸어 들어왔다. 그때 젊은 직원이 무언가를 하고 있다 자리에서 일어나 웃으며 그에게 인사를 하였다.

"어서 오십시오. 무엇을 도와드릴까요."

"은행 일에 대해 몇 가지 궁금한 것이 있어 왔습니다."

듀런트는 엷게 웃으며 말했다.

"아, 그러세요. 그럼 이리로 앉으시죠."

직원은 듀런트에게 자리를 권했다. 듀런트는 직원의 친절한 말에 고개를 끄덕이며 자리에 앉자 직원도 자리에 앉았다.

"저는 캐롤 다운즈라고 합니다."

"나는 윌리엄 듀런트라고 합니다."

듀런트는 이렇게 말하며 궁금한 것에 대해 물었다. 직원은 그의 물음에 친절하고 성실하게 답해주었다. 듀런트는 기분 좋은 표정을 지으며 직원의 말을 경청하였다. 직원이 말을 끝내자 "궁금한 것을 알게 되어 기쁘군요. 오늘 친절한 설명 참 감사합니다." 듀런트는 환하게 웃으며 말하고는 은행을 떠났다.

다음 날 다운즈에게 연락이 왔다. 연락을 한 사람은 듀런트였다. 그는 다운즈를 자신의 회사로 초대하여 자신의 생각을 말했다.

"저, 우리 회사에서 일할 생각이 있습니까? 원한다면 자리를 마련해주겠습니다."

너무도 뜻밖의 제안에 어안이 벙벙했지만, 다운즈는 이내 그렇게 하겠다고 말했다.

"자, 그러면 발령을 내도록 하겠습니다. 나와 함께 즐겁게 일해 봅시다."

"네, 사장님. 열심히 하겠습니다."

듀런트의 말에 다운즈는 기분 좋게 말했다.

며칠 후 다운즈는 듀런트 회사에 출근해 자신이 할 일에 대해 열심히 묻고, 경청하며 업무를 파악하는 데 열중하였다.

퇴근 시간을 알리는 종이 울리자 직원들은 모두 자리에서 일어나 사무실을 나갔다. 하지만 다운즈는 자리에 남아 하던 일을 계속하였다.

얼마 후 듀런트는 사무실을 나오다 자리에 앉아 무언가를 하고 있는 다운즈를 보고는 문을 열고 들어갔다.

"다운즈 씨, 왜 퇴근을 안 합니까? 퇴근시간이 5시 30분이라는 걸 몰랐나 보군요."

"아닙니다. 붐비는 시간이 지나고 나서 가려고 했습니다. 저, 사장님, 필요한 일이 있으시면 말씀해 주세요."

다운즈의 말에 듀론트가 연필이 필요하다고 말하자 그는 연필을 깎아 사장에게 건넸다.

듀런트는 "고마워요."라는 말과 함께 환하게 웃었다. 다운즈 또한 빙그레 웃었다.

다음 날도 퇴근 시간이 지났지만 다운즈는 자리에 앉아 있었다. 그를 또다시 보게 된 듀런트가 퇴근 시간이 지난 걸 잊었느냐고 물었다. 듀런트의 말에 다운즈는 엷게 웃으며 말했다.

"아닙니다. 퇴근 시간은 알고 있습니다. 하지만 그 시간에 반드시 퇴근해야 한다는 말은 듣지 못했습니다. 그래서 사장님께 조금이라도 필요한 일이 있을까 해서 남아 있기로 한 것입니다. 혹시, 오늘도 필요한 것이 있으신지요?"

다운즈의 말에 듀런트는 "그랬군요. 하지만 다운즈 씨, 퇴근 땐 아무 생각 말고 퇴근하도록 해요."라고 말했다.

다운즈는 듀런트의 말에 말없이 빙그레 웃었다.

그날 이후 다운즈는 여전히 퇴근 후 사무실에 남아 무언가를 열심히 하였다. 그렇다고 월급을 더 많이 받는 것도 아니었다. 그렇게 시간은 흘러갔고, 몇 달 후 다운즈는 듀런트로부터 부름을 받고 그의 사무실로 갔다.

"부르셨습니까? 사장님."

"어서오세요, 다운즈 씨. 내가 보자고 한 것은 다운즈 씨를 최근에 새로 지은 공장에 기계설비 감독관으로 파견하기 위해섭니다."

"네에? 제, 제가요?"

다운즈는 듀런트의 뜻밖의 말에 놀라서 말했다.

"하하, 그래요. 왜, 놀랐습니까?"

"네."

다운즈가 놀랄 일도 무리는 아니었다. 기계설비 감독관의 직책은 막중한 간부직이었기 때문이다. 불과 몇 달 전만 해도 은행 말단직원인 것을 생각하면 그야말로 파격적인 제안이었다.

듀런트가 그런 다운즈를 기계설비 감독관으로 임명한 것은 그럴 만한 이유가 있었다. 다운즈는 기계설비의 전문가가 되었던 것이다. 그러니까, 퇴근 후에 남아 기계설비에 대해 그리고 회사 일에 대해 공부를 했던 것이다.

그로부터 석 달이 지난 후 임무를 성공적으로 마친 다운즈가 회사로 복귀하였다. 듀런트는 그를 불러 말했다.

"다운즈 씨, 기계설비에 대해 예전에 공부한 적이 있습니까?"

"없습니다. 저는 업무를 파악한 후 그 일을 잘 할 수 있는 사람을 가려 일을 맡겼을 뿐입니다. 그러니까 그 일은 그 사람들이 한 것입니다."

다운즈는 이렇게 말하며 엷게 미소 지었다.

"아주 훌륭해요."

듀런트는 엄지척을 하며 다운즈에게 훌륭하다고 말하며 기분 좋게 웃었다. 그러고 나서 이렇게 말했다.

"다운즈 씨, 지난번 그 공장의 감독관으로 일을 해 주시오. 연봉은 5만 달러로 시작합시다."

"감사합니다, 사장님. 믿어주신 만큼 열심히 하겠습니다.

다운즈는 감독관이 되어 자신의 일에 최선을 다했다. 그로 인해 다운즈는 성공적인 인생이 되었다.

"저는 업무를 파악한 후 그 일을 잘 할 수 있는 사람을 가려 일을 맡겼을 뿐입니다. 그러니까 그 일은 그 사람들이 한 것입니다."

이는 다운즈가 듀런트의 마음을 움직인 말이다. 이 말에는 자신을 내세우는 그 어떤 말도 없다. 겸손함과 책임감만이 있을 뿐이다.

듀런트는 다운즈의 친절하고 성실한 태도와 겸손함에 깊이 매료되었고, 그에게 무엇을 맡겨도 잘해낼 수 있겠다는 믿음을 갖게 되었기에 중요한 일이 있을 때마다 그에게 맡겼던 것이다.

친절함과 성실함은 보증수표와 같다. 당신이 누군가로부터 인정받고 싶다면 친절하게 말하고 성실하게 행동하라.

Long Hard Think

·
·
·

사람의 마음을 움직이는 가장 좋은 방법은 친절한 말과 성실한 행동이다. 사람은 누구나 친절하고 성실한 사람에게 깊은 관심을 갖고 대한다. 자신이 누군가로부터 인정받고 원하는 것을 얻기 위해서는 친절을 습관화하고 성실을 몸에 배이게 하라. 친절과 성실은 당신의 삶을 유쾌한 인생으로 바꾸어 줄 것이다.

보험왕 에드워드 초우트의 말

무엇보다도 인간은 누구나 소중한 존재입니다. 그러니 어려움이 처하면
마땅히 도와주는 것이 도리이지요. 나는 그것을 실천하는 것뿐입니다.
그러니 일자리를 구할 때까지 맘 편히 지내기 바랍니다.
- 에드워드 초우트

어려움에 처한 사람을 도움으로써 자신의 삶을 성공적인 인생
이 되게 한 경우는 동서고금을 막론하고 어디든지 있기 마련이다.
어려움에 처한 사람을 돕는다는 것은 스스로를 돕는 것처럼 도움
을 받는 사람도 도움을 주는 사람 모두에게도 참 행복한 일이기
때문이다.

어려움에 처한 사람을 도와줌으로써 인생을 성공으로 쓴 아름
다운 이야기이다.

생명보험 세일즈맨 에드워드 초우트. 그는 캘리포니아주 로스
앤젤레스에서 보험영업을 하였다. 두각을 나타내지는 못했지만
보통 사람들처럼 생활하였다. 그는 어떻게 하면 더 나은 실적을

쌓을 수 있을까를 생각하였지만, 그저 마음뿐이었다.

그러던 어느 날 금광을 찾으러 캘리포니아 사막을 헤매다 아사 직전에 빠진 청년을 발견하고는 그를 집으로 데리고 와서 정성껏 보살펴주었다.

"처음 본 제게 이처럼 은혜를 베풀어주시니 한없이 감사할 따름입니다. 왜 제게 이처럼 잘 해주시는지요?"

청년은 그의 친절이 너무도 감사해 이렇게 물었다.

"어려움에 처한 사람을 돕는 것은 당연한 일이지요. 나 또한 언제 어느 때 어려움에 처할 수도 있으니까요. 하지만 무엇보다도 인간은 누구나 소중한 존재입니다. 그러니 어려움에 처하면 마땅히 도와주는 것이 도리이지요. 나는 그것을 실천하는 것뿐입니다. 그러니 일자리를 구할 때까지 맘 편히 지내기 바랍니다."

"그처럼 말씀하시니 더욱 감사합니다. 반드시 직장을 구해 이 은혜를 꼭 갚겠습니다."

초우트의 말에 크게 감동한 청년은 이렇게 말하며 행복한 미소를 지었다. 시간이 흐르고 청년은 일자리를 구해 초우트 집을 떠났다. 그리고 얼마간의 시간이 흐르고 초우트를 찾아왔다.

"그동안 잘 계셨어요?"

"물론이지요. 이렇게 날 찾아줘서 고마워요."

초우트는 그의 방문을 반기며 이렇게 말했다.

"제가 찾아 뵌 것은 생명보험에 들기 위해섭니다."

"아, 그래요. 감사합니다."

초우트는 청년의 말에 환히 웃으며 말했다. 청년은 초우트에게 보험을 가입하고 작은 도움이라도 되겠다고 말하고는 떠나갔다. 청년은 자신이 초우트에게 도움 받은 사실을 만나는 사람마다 이야기했다. 그러자 소문은 빠르게 사람들 사이에서 퍼져나갔다.

초우트는 여전히 어려움에 처한 사람을 돌봐주었다. 초우트의 선행은 점점 더 널리 알려지기 시작했다. 그러자 여기저기서 보험 계약을 하겠다는 사람들로 넘쳐났다. 초우트의 보험실적은 하루가 다르게 늘어갔다. 그리고 마침내 최고의 실적을 올리는 쾌거를 이뤘다.

그 후 초우트의 삶은 완전히 변했다. 가만히 있어도 계약을 하겠다고 찾아오는 사람들로 그의 사무실은 언제나 시끌벅적했다. 초우트의 실적 그래프는 하늘 높은 줄 모르고 올라갔다.

그러던 어느 날 마침내 생명보험 세일즈맨들의 희망인 '100만 달러 원탁 테이블'의 종신회원이 되었다. 종신회원은 3년 연속 100만 달러 실적을 올려야만 될 수 있는 매우 영광스러운 일이다.

어려운 사람을 돕는 초우트의 선행은 언제나 변함없이 이어졌고, 그는 네 달 동안 무려 200만 달러나 되는 보험실적을 거뒀다. 이는 참으로 경이로운 일이 아닐 수 없다. 일 년에 100만 달러의 실적을 쌓는 것도 매우 어려운 일이고 보니 그것은 당시 보험업계에서는 신화와 같은 일이었다.

초우트의 성공이야기는 미국 전역에 퍼져 나갔고, 그의 성공 이야기를 들기 위한 강연요청이 쇄도하였다. 그의 강연을 들은 사람들은 그의 성공은 당연하다며 그에게 열광하였다.

초우트는 어려운 사람들에게 선행을 베풂으로써 자신의 인생을 성공적으로 쓴 '명품인생'이다.

> "무엇보다도 인간은 누구나 소중한 존재입니다. 그러니 어려움이 처하면 마땅히 도와주는 것이 도리이지요. 나는 그것을 실천하는 것뿐입니다. 그러니 일자리를 구할 때까지 맘 편히 지내기 바랍니다."

초우트가 도움을 준 청년에게 한 이 말은 청년에게 큰 감동을 주었으며, 이 말은 그에게 성공을 가져다 준 근원이 되었다.

당신 역시 당신의 인생을 명품인생이 되게 하고 싶을 것이다. 하지만 명품인생이 된다는 것은 쉬운 일이 아니다. 그럼에도 불구하고 명품인생이 되고 싶다면 초우트가 그랬듯이, 당신이 가장 잘할 수 있는 것으로 당신만의 '인생의 명작'을 그려라. 그리고 그것은 오직 당신만이 할 수 있는 일임을 기억하라.

Long Hard Think

．
．
．

누군가에게 조건 없이 선행을 베푼다는 것은 축복받아 마땅할 일이다. 선행은 누구나 할 수 없는 가장 아름다운 인간의 대한 예의이기 때문이다. 그래서 선행을 베푸는 사람을 보면 하나같이 '사랑과 헌신'이라는 향기를 지녔다. 그런 까닭에 선행을 베푸는 사람을 신뢰하게 되고 도움을 주게 된다. 선행은 인간관계를 따뜻하게 하는 '사랑꽃'이다.

뱅크 오브 아메리카 설립자
아마데오 피터 지아니니

> 은행은 돈을 필요로 하는 사람들이 자유롭게 이용할 수 있어야 합니다.
> 그것이 우리 은행이 해야 할 일입니다.
> 앞으로 돈이 필요할 때 언제든지 우리 은행을 찾아주십시오.
> 친절하게 안내해 드리고 신속하게 대출해 드릴 것을 약속합니다.
> - 아마데오 피터 지아니니

성공적인 인생을 사는 사람들 중엔 사람들의 마음을 움직임으로써 자신이 원하는 것을 이뤄낸 사람들이 있다. 그들의 말은 말이 아니라 성공을 끌어당기는 에너지이다.

사람들의 마음을 움직여 자신이 원하는 것을 이뤄낸 이야기이다.

지금으로부터 114년 전 콜럼부스 저축조합의 중역회의가 열렸다. 그 자리에 참석한 사람들은 한 남자가 하는 말에 귀를 기울이고 있었다. 그만큼 그의 말에 관심이 많았던 것이다. 그는 주위를 한번 쓰윽 둘러본 뒤 이렇게 말했다.

"미국 시민 누구나 은행 업무에 대한 자격이 있습니다. 또한 은행은 누구에게나 서비스를 제공할 의무가 있습니다. 그럼에도 불구하고 우리 조합은 대중들과의 소통을 소홀히 하고 있습니다. 저는 여러분과 작별하고 앞으로 대중을 위한 은행을 만들겠습니다."

남자는 이렇게 말하고 자리에서 일어났다. 그리고 그는 자신이 계획하는 은행을 설립하기 위해 분주히 움직였다. 그의 계획은 일사천리로 진행되었다. 콜럼버스 저축조합 중역들 중 어떤 사람은 그 남자에 대해 무시하는 투로 말했지만, 어떤 중역은 그의 말이 일리가 있다고 말하는 등 그에 대해 의견이 분분하였다.

은행설립 계획을 마친 남자는 드디어 은행을 설립하였다. 은행 이름은 '뱅크 오브 이탈리아'였다.

은행을 설립한 그는 자신의 은행을 사람들에게 적극적으로 홍보하였다.

"기존의 은행은 한 계좌에서 100달러조차 대출을 해주는 일이 없습니다. 하지만 우리 은행은 한 계좌에 25달러까지 대출을 합니다. 은행은 돈을 필요로 하는 사람들이 자유롭게 이용할 수 있어야 합니다. 그것이 우리 은행이 해야 할 일입니다. 앞으로 돈이 필요할 때 언제든지 우리 은행을 찾아주십시오. 친절하게 안내해드리고 신속하게 대출해 드릴 것을 약속합니다."

남자의 말에 사람들의 반응은 뜨거웠다. 특히 서민들이나 가난한 이민자들의 반응은 놀라울 정도였다.

은행 창구엔 날마다 많은 사람들로 북적거렸다. 그동안 은행은 자신들과는 상관없는 줄로만 알고 은행 문턱에도 가지 않았는데 자신들의 눈높이에 맞춰주는 은행이 생기자 반응은 기대 이상이었다.

그 모습을 말없이 바라보는 남자의 입가엔 미소가 번져났다.

'저처럼 반응이 뜨겁다니, 참 놀라운 일이야. 역시, 내 생각이 옳았어. 분명히 우리 은행은 기적을 이뤄내고 말거야.'

이렇게 생각하는 남자의 얼굴은 희망의 빛으로 가득 피어났다.

하루가 다르게 은행은 발전에 발전을 거듭하였다. 이 소식은 미국 전역으로 삽시간에 퍼졌고, 남자의 경영철학은 많은 사람들 사이에서 회자되었다.

은행설립 일 년 만에 놀라운 실적을 이뤄냈다. 이 은행은 '뱅크 오브 아메리카Bank of America'로 거듭 났으며, 이 남자의 이름은 아마데오 피터 지아니니이다.

뱅크 오브 아메리카는 굴지의 은행으로 미국을 대표하는 초대형 은행이다.

"은행은 돈을 필요로 하는 사람들이 자유롭게 이용할 수 있어야 합니다. 그것이 우리 은행이 해야 할 일입니다. 앞으로 돈이 필요할 때 언제든지 우리 은행을 찾아주십시오. 친절하게 안내해 드리고 신속하게 대출해 드릴 것을 약속합니다."

이는 지아니니가 한 말로 사람들에게 깊은 관심을 갖게 했다. 그동안 은행이 있어도 은행을 이용하지 못했던 사람들에게는 무더운 여름날 시원하게 내리는 소나기와도 같았다.

지아니니의 말처럼 은행은 큰돈이든 작은 돈이든 돈을 필요로 하는 사람들이 자유롭게 이용할 수 있어야 한다. 그래야 은행으로서 가치가 있는 것이다. 지아니니는 은행의 진정한 가치가 무엇인지를 잘 알고 실행에 옮겼기에 자신의 인생을 성공적으로 쓸 수 있었다.

만일 당신이 사람들에게 인정받기를 원한다면, 그래서 당신이 필요로 하는 것을 이루고 싶다면 사람들의 마음을 움직여야 한다. 사람의 마음을 움직이는 것은 당신의 진정성 있는 말과 그 말에 책임을 지는 실행력에 있다는 것을 기억하라.

Long Hard Think

∶

사람들은 누구나 자신에게 믿음을 주는 사람을 신뢰한다. 그 사람은 자신을 배신하거나 곤경에 빠트리지 않을 거라고 믿기 때문이다. 사람들에게 인정받고 싶다면, 그래서 자신의 뜻을 펼치고 싶다면 진정성 있게 말하고 자신의 말에 책임지는 모습을 보여주어라. 그것이야말로 당신이 할 수 있는 최선의 성공 비결인 것이다.

자신을 격려함으로써
유명 만화가가 된 찰스 슐츠

나는 할 수 있다. 나는 분명 해낼 수 있다.
나는 절대로 나를 포기하지 않을 것이다. 나는 나를 믿는다.
- 찰스 슐츠

　미국 미네소타주에 어떤 소년이 있었다. 소년은 공부에는 관심을 보이질 않았다. 그 결과 학업성적은 늘 바닥을 쳤다. 친구들도 그를 바보처럼 여겼다. 소년의 자신감은 최악이었고, 어느 누구와도 대화 없이 지냈다. 친구에게 말을 걸고 싶었지만 친구들이 무시할까봐 너무 두려웠기 때문이다.

　'나는 왜 이렇게 의지가 약할까. 무엇 하나 내 맘대로 하는 게 없어. 난 어떻게 해야 할까. 내가 생각해도 앞이 보이질 않는구나.'

　소년은 늘 이렇게 생각하며 자신을 못난이라고 스스로 질책하곤 했다. 그러나 그의 마음 한구석엔 희미하게나마 작은 희망의 빛이 자라고 있었다. 그는 그림 그리기를 참 좋아했다. 그는 늘 그림을 그렸고, 화가가 되는 꿈을 품고 있었던 것이다.

'그래, 그림을 그려보자. 죽을 만큼 열심히 그린다면 내게 희망이 찾아 올지도 몰라.'

이렇게 생각하는 소년의 입가에 미소가 살포시 번져났다. 그날 이후 소년은 그림 그리기에 열중했다. 그림을 그릴 때만큼은 자신이 이 세상에서 가장 행복했다. 그렇게 시간은 흘러갔고, 소년은 어느덧 고등학교를 졸업하게 되었다.

소년은 졸업을 앞두고 졸업 앨범을 만드는 사람들에게 만화 몇 컷을 그려서 보냈다. 하지만 그의 만화는 채택되지 못하고 되돌아왔다.

안녕하세요.

저는 올해 고등학교를 졸업한 만화가 지망생입니다. 저는 만화 그리는 것을 참 좋아합니다. 만화를 그리다 보면 마음 깊은 곳에서 즐거움이 넘쳐 납니다. 한 컷 한 컷 그리는 만화는 언젠가부터 제겐 꿈이 되었습니다.

저는 너무도 좋아하는 월트디즈니사를 제 꿈을 현실로 이루는 희망의 터전으로 삼고 싶습니다. 제 그림을 한번 평가받고 싶어 제가 그린 그림을 보내고 싶은데 그래도 될까요?

저의 부탁을 들어주신다면 제게는 큰 힘이 되고 더없는 영광이 될 것입니다. 혹여, 저의 부탁이 귀사에 누가 되더라도 너그러이 받아 주시면 감사하겠습니다.

고등학교를 마친 소년은 월트디즈니 사무실에 편지를 써서 보냈다. 자신이 그림을 그려서 보내고 싶은데 그래도 괜찮겠냐고 물었던 것이다. 그러자 월트디즈니 관계자는 그림 콘셉트를 정해 보냈다.

우리 회사에 관심을 가지고 편지를 보내 준 것에 대해 고맙게 생각합니다. 우리 회사는 누구에게든지 기회를 주고자 합니다. 이에 그림 콘셉트를 정해 보내니 콘셉트에 맞는 그림을 그려 보내주시기 바랍니다.

월트디즈니사 관계자로부터 그림을 보내달라는 편지를 받고 소년은 두 주먹을 불끈 쥐었다.
'그래, 한번 해 보는 거야. 누가 알아? 내 그림이 채택될지.'
그림 콘셉트를 본 소년은 이렇게 생각하며 열심히 그림을 그려 보냈다. 그러나 안타깝게도 그의 그림은 채택되지 않았다. 하지만 그는 실망하지 않았다.
"나는 할 수 있다. 나는 분명 해낼 수 있다. 나는 절대로 나를 포기하지 않을 것이다. 나는 나를 믿는다."

소년은 날마다 이처럼 자신을 격려하며 그림을 그렸다. 그러자 가슴 저 깊은 곳으로부터 알 수 없는 강한 에너지가 꿈틀대며 솟구쳐 오르는 걸 느낄 수 있었다.

그러던 어느 날, 소년은 자신의 이야기를 만화로 그리기 시작했다. 모든 게 부족했던 자신의 어린 시절을 테마로 한 만화였다. 한 컷 한 컷 정성을 들여 그림을 그리는 그의 얼굴엔 희망의 의지가 가득 넘쳐났다. 오래도록 그림을 그리다 보니 손목도 아프고 허리도 아팠지만 그에게는 전혀 문제가 되지 않았다.

드디어 만화가 완성되었다. 만화 주인공은 찰스 브라운이었다. 그가 그린 만화가 사람들에게 선을 보이게 되었다. 소년의 가슴은 두근두근거렸다. 사람들이 어떻게 봐 줄까 하는 게 가장 큰 관건이었기 때문이다.

그런데 놀라운 일이 벌어졌다. 그의 만화가 사람들의 마음을 사로잡았던 것이다. 그는 스누피, 라이너스 등의 캐릭터를 만화에 등장시켜 만화로 재탄생시켰다. 그 결과 그는 일약 유명한 만화가가 되었다. 그의 이름은 바로 찰스 슐츠이다.

그가 그처럼 유명한 만화가가 될 것이라고는 아무도 생각하지 못했다. 그 역시 마찬가지였다. 그런데 스스로도 믿기지 않는 성공한 인물이 되었던 것이다.

"나는 할 수 있다. 나는 분명 해낼 수 있다. 나는 절대로 나를 포기하지 않을 것이다. 나는 나를 믿는다."

이 말은 날마다 찰스 슐츠가 자신을 격려한 말이다. 그는 스스로에게 이 말을 할 때마다 놀라운 경험을 하였다. 스스로 이렇게 말하고 나면 자신감이 생김은 물론 알 수 없는 힘이 자신을 도와주고 있다는 걸 느꼈던 것이다.

슐츠는 누구의 가르침이나 도움을 받은 적이 없다. 그는 처음부터 끝까지 자신 스스로 해냈다. 그가 그렇게 성공 수 있었던 것은 스스로에 대한 믿음과 자신감 그리고 스스로를 향한 격려의 힘이었다.

당신은 슐츠의 스스로를 격려하는 '마법의 말'을 믿는가. 그렇다면 당신 또한 당신이 가장 좋아하는 말로 날마다 스스로를 격려해보라. 신기하게도 자신감이 몽실몽실 피어나는 것을 느끼게 될 것이다. 그리고 그것을 느끼는 순간, 당신은 이미 당신이 원하는 것을 반은 이룬 셈이 될 것이다.

Long Hard Think

.
.
.

자신이 스스로에게 거는 마법의 주문은 참 우스꽝스러운 일이라고 생각할지 모른다. 그러나 그것은 모르는 말이다. 자신이 자신에게 보내는 격려나 응원의 메시지는 놀라운 에너지를 품고 있다. 자신에게 스스로 하는 말은 더 이상 말이 아니다. 그것은 암시와 같다. 그런 까닭에 자꾸만 자신을 격려하다 보면 말대로 되어지는 것이다.

동기부여가 짐 론과 앤서니 라빈스

비록 지금 가진 것이 없지만 언제까지나 지금처럼은 살지 않을 겁니다.
저는 반드시 꿈을 이루고 성공하고야 말 것입니다. 꼭 갚겠습니다.
그러니 대출을 부탁드립니다.

- 앤서니 라빈스

성공한 동기부여가인 앤서니 라빈스. 그의 젊은 시절은 몹시도
가난했다. 하지만 라빈스는 가난을 탓하지 않았다. 그래봤자 그것
은 스스로를 바보로 만드는 일이라고 생각했던 것이다.

앤서니에게는 꿈이 있었는데 그것은 동기부여가가 되는 것이
다. 동기부여가가 되기로 결심을 하고 그에 관한 책을 600권 이상
닥치는 대로 읽었다. 그리고 중요한 대목이나 자신의 느낌을 일일
이 메모하고 자기 나름대로의 동기부여에 대한 철학을 정립하였
다. 그러자 동기부여에 대한 안목이 트임은 물론 꿈을 향한 열망
은 더욱 강렬해졌다.

앤서니는 동기부여에 대한 강연이 있으면 어디든지 달려가 경

청하였다.

그러던 어느 날 최고의 동기부여가인 짐 론이 앤서니가 살고 있는 도시에서 강연을 한다는 소식이 들려왔다. 소식을 들은 그는 세미나에 참석하고 싶은 마음이 굴뚝같았다. 하지만 그에게는 세미나에 지불해야 할 돈이 없었다. 한참을 고심하던 그는 무작정 짐 론을 만나러 갔다. 짐 론을 만난 그는 이렇게 말했다.

"선생님, 평소에 존경하는 선생님을 뵙게 되어 영광입니다. 제 꿈도 동기부여가입니다. 그런데 지금 세미나에 참가할 돈이 없습니다. 무슨 좋은 방법이 없을까요?"

그의 말을 듣고 짐 론이 말했다.

"앤서니, 내 강의를 듣고 싶다면 수강료를 내고 듣게. 나는 절대로 무료로 강의를 듣게 하고 싶지 않네. 그만 가 보게."

짐 론의 매몰찬 말에 앤서니의 표정이 어두워졌다. 자신이 돈이 없다고 사실대로 말하면 무료로 듣게 해 주지 않을까 했던 기대가 와르르 무너져 내렸기 때문이다. 앤서니는 죄송하다고 말하고는 그 자리를 벗어났다. 그리고 어떻게 하면 강의를 들을 수 있을까, 생각하던 중 무턱대고 은행을 찾아갔다.

"저 대출을 받고 싶어서 왔습니다."

앤서니는 대출 담당자에게 대뜸 이렇게 말했다.

"담보를 가져 왔나요?"

대출 담당자는 대출 담보를 가져왔느냐며 물었다.

"아니요. 저는 가진 것이 아무것도 없습니다."

"담보가 없으면 대출을 받을 수 없습니다."

대출 담당자의 말에 앤서니는 포기하지 않고 이렇게 말했다.

"저는 짐 론의 강의를 꼭 들어야만 합니다. 무슨 방법이 없을까
요? 반드시 갚도록 하겠습니다."

"죄송합니다. 어쩔 수 없군요."

대출 담당자는 이렇게 말하며 안됐다는 표정을 지었다. 하지만
앤서니는 또다시 말했다.

"저는 꼭 짐 론의 강의를 들어야 합니다. 제 꿈은 동기부여가가
되는 것입니다. 그런데 이 좋은 기회를 날린다는 것은 저의 꿈을
잃는 거나 다름없거든요. 비록 지금 가진 것이 없지만 언제까지나
지금처럼은 살지 않을 겁니다. 저는 반드시 꿈을 이루고 성공하고
야 말 것입니다. 꼭 갚겠습니다. 그러니 대출을 부탁드립니다."

앤서니는 안 된다는 걸 알면서도 마지막으로 이렇게라도 말하
고 싶었다. 그의 눈빛은 너무도 간절하였다. 그를 넌지시 바라보
던 대출 담당자가 말했다.

"대출은 해 줄 수 없지만, 대신 내게 있는 돈을 빌려드리지요."

"저, 정말입니까? 감사합니다. 반드시 갚도록 하겠습니다."

대출담당자의 말에 앤서니는 떨듯이 기뻐서 말했다.

"당신의 눈을 보니 안 빌려드릴 수가 없네요."

대출 담당자는 이렇게 말하며 앤서니에게 돈을 건넸다. 돈을 받아든 앤서니는 연신 감사하다는 말을 남기고는 쏜살같이 세미나 등록을 하는 곳으로 달려갔다. 그리고 등록을 한 뒤 열심히 짐 론의 강의를 들었다. 짐 론의 강의는 그에게 용기와 큰 힘이 되었다. 강의를 마친 짐 론이 앤서니에게 말했다.

"앤서니, 돈이 없다더니 어떻게 강의를 듣게 되었나?"

짐 론의 말에 앤서니는 사실대로 말했다.

"오, 그랬구먼. 바로 그거야. 그와 같은 열정만 가지면 무엇이든 할 수 있다네. 자네는 반드시 그렇게 될 걸세."

짐 론은 이렇게 말하며 그를 크게 격려해주었다.

그 일이 있고 나서 동기부여가가 되겠다는 앤서니의 결심은 더욱 단단해졌다. 그리고 꾸준히 탐구하고 연마한 끝에 자신이 그렇게도 원하던 동기부여가로 크게 성공하였다.

"비록 지금 가진 것이 없지만 언제까지나 지금처럼은 살지 않을 겁니다. 저는 반드시 꿈을 이루고 성공하고야 말 것입니다. 꼭 갚겠습니다. 그러니 대출을 부탁드립니다."

이는 대출 담당자의 마음을 움직이게 함으로써 그로부터 돈을 빌릴 수 있게 한 앤서니의 꿈과 의지가 담긴 말이다. 이 말 한마디로 짐 론의 강의를 듣고 꿈을 이룬 앤서니. 그는 과연 동기부여가로 성공할 운명을 타고난 사람이다.

그렇다. 이처럼 상대방을 움직이게 하는 말은 힘이 세다. 그래서 자신이 원하는 것을 얻게 하는 '마법의 말'이 되기도 한다.

당신 또한 누군가의 마음을 움직여야 한다면, 그 누군가의 마음을 사로잡을 수 있도록 당신의 진정성을 담아서 말하라. 그 말이 당신이 원하는 것을 얻게 하는 요술램프가 되어 줄 것이다.

Long Hard Think

:
:
:

살다보면 절실한 순간을 만나게 된다. 이럴 때 누군가의 도
움이 있다면 큰 힘이 된다. 그런데 그 기회를 만든다는 것은
쉽지 않다. 나는 절실하지만 상대는 절실하지 않기 때문이
다. 상대의 마음을 움직일 수 있는 한 마디의 말, 그 말이 절
실한 순간을 벗어나게 하는 '희망의 키'가 되어 줄 것이다.

올림픽 금메달리스트
게일 디버스가 쓴 금빛 성공

이건 선수로서 조국과 나를 위해 반드시 해야 할 일이니까요.
그러니 운동을 하다 쓰러지더라도 나는 이를 영광스럽게 생각할 겁니다.
코치님, 이런 제 마음을 믿고 지켜봐주세요.
나는 내 선택이 옳았음을 반드시 증명해 보이겠습니다.
- 게일 디버스

불가능한 상황에서도 어떤 사람은 긍정적으로 대처함으로써 어려움을 극복하고 자신이 원하는 것을 성취한다. 하지만 어떤 사람은 가능한 상황에서도 불가능하게 생각함으로써 충분히 할 수 있는 것도 못하게 된다.

이는 그 사람의 '마음의 힘'에 따라 나타나는 현상이다. 즉, 마음의 힘이 강하면 강한 에너지가 솟구쳐 오른다. 그래서 긍정적으로 말하고 행동하게 된다. 그러나 마음의 힘이 약하면 에너지 또한 약해 부정적으로 말하고 행동하게 된다.

불가능한 상황에서도 자신을 이겨냄으로써 많은 사람들에게 감동을 준 아름다운 이야기이다.

1992년 스페인 바로셀로나 올림픽 여자 100미터 금메달리스트인 미국의 게일 디버스. 그녀는 매우 심한 갑상선 질병을 앓고 있었다. 그로 인해 그녀의 얼굴은 물론 육상선수에게는 생명과도 같은 다리가 퉁퉁 부어 걷는 것조차도 불편함을 느꼈다.

"지금 이 상태로 운동을 한다는 것은 자살행위와도 같으니, 당장 그만두세요. 그리고 꾸준히 치료를 받기 바랍니다."

"아니요, 선생님. 전 할 수 있어요."

"디버스, 자칫하면 다리를 절단할 수 있는 상황이 벌어질지도 몰라요."

의사는 측은한 눈빛으로 말했다.

"설령 그런 일이 벌어진다 해도 나는 포기할 수 없어요."

디버스는 이렇게 말하며 입술을 깨물었다.

"알아요. 디버스 마음이 어떤지를. 하지만 이건 의사로서 양심을 걸고 하는 말이니 마음에 새겨주었으면 해요."

디버스가 운동을 계속 해야 할지의 여부를 가리기 위해 진료 후 의사는 그녀가 납득할 수 있도록 말했지만 디버스는 더는 말없이 자리에서 일어나 진료실을 나왔다.

'내가 운동을 할 수 없다니, 이건 말도 안 되는 일이야. 운동을 못한다면 나는 더 이상 내가 아니다.'

디버스는 속으로 이렇게 말하며 두 주먹을 불끈 쥐었다.

디버스의 검진결과를 통보받고 고심에 고심을 거듭하던 코치는 그녀를 불러서 말했다.

"디버스, 너의 검진결과를 통보받고 많은 생각을 했단다. 너는 누구보다도 유능하지만, 그 몸으로 운동을 한다는 것은 있을 수 없는 일이야. 안타깝지만 이번 올림픽은 포기를 하는 게 좋겠어."

조심스럽게 말하는 코치의 표정은 어두웠다. 디버스가 입을 마음의 상처를 생각하니 마음이 아팠던 것이다. 디버스는 코치와는 달리 미소를 지으며 말했다.

"코치님, 검진결과 전이나 후나 달라진 건 아무것도 없습니다. 나는 괜찮습니다. 나는 아무렇지도 않아요. 그러니 지금 그 말은 안 들은 걸로 할게요."

디버스의 말을 듣고 코치는 고개를 좌우로 흔들며 말했다.

"디버스, 네 의지는 가상하지만, 이것은 어디까지나 현실이야. 현실을 피해갈 수는 없어."

"아니요. 나는 충분히 피해갈 수 있어요. 그러니 더 이상 그런 말은 하지 마세요."

디버스는 코치를 향해 다시 한 번 자신의 굳은 의지를 내보였다. 그녀의 말에 코치는 더 이상 말하지 않았다. 지금 이 상황에서 말한다는 것은 오히려 그녀의 감정을 격화시킬 거라는 생각에서였다.

그날은 그렇게 지나갔다. 하지만 이 사실을 안 가족들도, 친구들도, 동료 선수들도 디버스를 위로하며 포기를 종용하였다. 그러나 그러면 그럴수록 그녀의 마음은 더욱 뜨겁게 불타올랐다.

그러던 어느 날 마음을 굳힌 코치가 디버스에게 말했다.

"디버스, 미안하지만 이번 올림픽은 포기해. 이건 코치로서 명령이야."

"코치님, 코치님의 그 어떤 말도 제게는 아무 소용이 없습니다. 설령 내 다리를 절단하는 일이 있더라도 나는 그 누구도 미워하거나 원망하지 않을 겁니다. 이건 선수로서 조국과 나를 위해 반드시 해야 할 일이니까요. 그러니 운동을 하다 쓰러지더라도 나는 이를 영광스럽게 생각할 겁니다. 코치님, 이런 제 마음을 믿고 지켜봐주세요. 나는 내 선택이 옳았음을 반드시 증명해 보이겠습니다."

디버스의 강인한 의지에 코치는 더 이상 말없이 고개를 끄덕였다. 그리고 그녀를 위해 열심히 운동을 지도하였다. 디버스는 너무도 힘들어 그 자리에 그대로 주저앉고 싶은 걸 꿋꿋하게 참아냈다. 그렇게 시간은 흘러갔고, 놀라운 일이 벌어졌다.

디버스의 몸 상태는 놀라울 정도로 좋아졌다. 연습기록도 매우 좋아 지금 이대로라면 메달권 진입도 가능했다.

마침내 올림픽이 시작되었다. 디버스는 경기가 있는 날 거울에 비친 자신의 모습을 보고 스스로에게 다짐했다.

'디버스, 그동안 잘 해줘서 고마워. 드디어 오늘이야. 내가 이날을 얼마나 기다려 왔는지 알지? 나는 오늘 내 인생에 새로운 역사를 쓸 거야. 그것은 조국을 위해 내가 할 수 있는 최선의 일이니까. 나는 널 믿는다.'

디버스의 얼굴은 굳은 의지로 환하게 빛났다. 디버스는 예선과 준결승을 마치고 드디어 결승에 진출하였다. 결승 스타트 라인에 선 디버스는 '나는 할 수 있다. 반드시 나와의 약속을 지켜서 내가 옳았음을 증명해 보이겠다.'라며 스스로를 격려하였다.

'탕!' 하는 소리와 함께 디버스는 앞을 향해 달려갔다. 그녀는 놀라운 속도로 질주하였다. 그녀를 바라보던 코치는 우승을 예감했다. 그리고 잠시 후 결승선을 제일 먼저 통과한 선수는 바로 디버스였다.

디버스는 코치에게로 달려갔다. 코치는 그녀를 안아주며 "디버스, 오늘 너는 최고였어. 네 선택이 옳았어. 고맙다."라고 말했다. 디버스도 기쁨의 눈물을 흘리며 자신을 믿어준 코치에게 감사함을 표했다.

"이건 선수로서 조국과 나를 위해 반드시 해야 할 일이니까요. 그러니 운동을 하다 쓰러지더라도 나는 이를 영광스럽게 생각할 겁니다. 코치님, 이런 제 마음을 믿고 지켜봐주세요.

나는 내 선택이 옳았음을 반드시 증명해 보이겠습니다."

이 말은 디버스가 코치를 감동시킨 말로 선수로서의 강한 의지와 책임감이 잘 나타나 있다. 코치는 최악의 상황에서도 선수로서 국가와 자신을 위해 최선을 다하려는 그녀의 말에 크게 감동함으로써 그녀의 선택을 믿어주었다. 그리고 그녀는 그 믿음에 당당하게 보답하였다.

디버스의 경우에서 보듯 당신 또한 당신이 최악의 상황에 맞닥뜨리게 된다면 어떻게 할 것인지를 곰곰이 생각해보라. 지금 이대로 포기할 것인지 아니면 쓰러지는 한이 있더라도 끝까지 할 것인지를.

파울로 코엘료는 소설《연금술사》에서 '무언가를 간절히 원할 때 온 우주가 소망이 실현되도록 도와준다.'고 말했다.

그렇다. 간절히 원하고 긍정적으로 말하고 실행하면 누군가가 도움을 주는 일이 생길지도 모른다. 그리고 반드시 좋은 결과를 맞게 될 것이다.

사람의 마음을 움직이는 3가지 비밀

1 수용하라.
상대방을 있는 그대로 받아들여라.
상대방에게 자신의 생각을 강요하지 마라.

2 인정하라.
상대방 그 자체를 인정하라.
상대방이 인정받고 싶어 하는 것을 칭찬하고 인정하라.

3 중시하라.
사람은 누구나 자신이 중요한 사람이길 바란다.
상대방을 존중하면 상대방은 자신이 특별한 사람으로
생각함으로써 자신을 소중히 여기는 사람에게
마음을 열고 최선을 다 하게 된다.

_ 레스 기블린

Long Hard Think

:
:
:

마음에서 간절히 원하면 누군가가 도와준다는 말은 헛말이 아니다. 역사적인 관점에서 볼 때 이런 예는 무수히 많다. 인생을 살아가는 데 있어 긍정적으로 말하고 긍정적으로 행동한다면, 반드시 도움의 손길이 따른다. 사람은 누구라 할지라도 그런 사람에게서 '희망의 빛'을 발견하기 때문이다.

WORDS THAT CHANGE YOUR LIFE CHAPTER 3

웨인 칼로웨이가

인드라 누이를
사로잡은 말

고객을 사로잡은 낸시 오스틴의 말

우리 매장은 '퀸' 사이즈 손님만 모십니다. 모든 손님을 '여왕'처럼 모시겠습니다.
우리 매장에서는 여러분이 주인공이며 진심으로 이해하고 사랑합니다.
언제든지 찾아주세요. 편안하게 모시겠습니다.
- 낸시 오스틴

남들과 다른 내가 되려면 남과는 다른 자신만의 장점이 있어야한다. 특히, 자신의 개성을 잘 살리고 사람들에게 자신의 이미지를 긍정적으로 심어 주는 말은 그 영향력이 매우 크다. 말은 쉽게 자신의 생각을 전달할 수 있고, 말에 따라 자신의 능력을 입증해 보일 수 있기 때문이다.

사람들에게 진정성 있는 말로 성공한 미국의 낸시 오스틴. 그녀는 당시로서 블루오션이었던 빅 사이즈 매장을 운영하며 고객을 만족시킴으로써 성공적인 인생이 되었다. 이에 대한 이야기이다.

오스틴에게는 여성으로서 감추고 싶은 것이 있었다. 그것은 그녀의 몸무게가 136Kg이 넘는다는 사실이다. 그녀는 옷을 사기 위해 옷가게에 갈 때마다 큰 곤혹을 치러야 했다. 그 가게에서 제일 큰 사이즈를 보여주어도 막상 입어보려고 하면 턱없이 작았다. 어쩌다 간혹 있다하더라도 색깔이 우중충하거나 디자인이 마땅치 않았다. 그러다 보니 옷을 맞춰 입어야만 했다. 그녀는 옷가게에서 자신의 마음에 드는 옷을 사 입는 게 소원이었다.

그러던 어느 날 오스틴은 자신과 같은 큰 체구를 가진 여성들이 의외로 많다는 것을 깨닫게 되었다. 그 순간 그녀의 머리는 전광석화와 같이 번쩍 하였다. 자신이 직접 큰 옷을 만들어 팔아야겠다고 생각한 것이다.

오스틴은 발품을 팔며 자료를 수집하고 자신의 사업계획을 구체화시켜 나갔다. 계획이 수립되자 그녀는 5천 달러를 자본금으로 하여 빅 사이즈 여성 전문 매장을 열었다. 1970년 당시로서는 아주 획기적인 일이었다.

오스틴은 자신의 매장을 알리기 위해 홍보에 집중하였다. 그녀는 말 한마디 홍보 문구 하나에도 진정성을 담아 표현하였다.

우리 매장은 '퀸 사이즈 손님'만을 모십니다. 우리 매장에 오시는 모든 손님은 '여왕님'처럼 모시겠습니다. 우리 매장은 여러분이 주인공이십니다. 우리 매장은 대, 중, 소라는 말은 쓰지 않습니다. 쁘띠뜨, 코우켓, 마드모아젤이라고 부릅니다.

우리 매장은 여러분을 진심으로 이해하고 사랑합니다. 언제든지 찾아주세요. 내 집처럼 편안하게 모시겠습니다.

이는 오스틴이 자신의 매장을 알리는 홍보문구이다. 이 문구를 본 큰 체구를 가진 여성들이 몰려왔다. 오스틴은 자신의 말대로 고객을 편안하게 맞아주었다. 그리고 매장 직원들 역시 체구가 큰 사람들이었다. 그녀가 이렇게 한 것은 매장을 찾아오는 손님들을 배려하기 위한 그녀의 세심한 센스에서 비롯되었다. 만일 그녀가 예쁘고 날씬한 직원을 채용했다면 그녀의 계획에 큰 차질을 빚었을 것이다.

날이 갈수록 매장은 손님들로 넘쳐났다. 매장을 오픈한 지 일 년 만에 10만 달러의 매출을 올렸다. 그녀는 매장을 확장시키고 각 지역마다 분점을 내기 시작했다. 그러자 매출은 기하급수적으로 늘어났다.

오스틴은 자신이 홍보문구에서 했듯 고객을 대할 때 "여왕님 손님"이라 불렀으며 손님이 대접받는다는 만족감을 갖도록 최선을 다했다. 또한 그녀는 뚱뚱한 몸매에 잘 어울리는 디자인과 색상 등에 큰 관심을 갖고 옷을 만들었는데, 이것 역시 손님들을 크게 만족시켰다.

오스틴은 여성으로서 자신의 약점을 강점으로 살려 긍정적으로 적용시킨 끝에 성공노트를 쓸 수 있었다.

"우리 매장은 '퀸 사이즈 손님'을 모십니다. 우리 매장에 오시는 모든 손님은 '여왕님'처럼 모시겠습니다. 우리 매장은 여러분이 주인공이십니다. 우리 매장은 대, 중, 소라는 말은 쓰지 않습니다. 쁘띠뜨, 코우켓, 마드모아젤이라고 부릅니다. 우리 매장은 여러분을 진심으로 이해하고 사랑합니다. 언제든지 찾아주세요. 내 집처럼 편안하게 모시겠습니다."

이는 오스틴이 손님들을 사로잡은 홍보문구이자 그녀가 늘 입에 달고 했던 말이다. 이 말을 들은 사람들은 그녀의 진정성을 믿었고, 그녀의 사업은 놀랄 만큼 급성장할 수 있었다.

자신의 단점을 장점으로 적용시킨 오스틴의 센스는 많은 사람들에게 나도 할 수 있다는 용기를 주었으며, 그녀의 말 한마디는 그녀의 인생을 완전히 바꾸어놓았다.

당신은 어떠한가. 만일 당신이 오스틴과 같은 처지라면 어떻게 했을까, 생각해보라. 당신 또한 바로 여기에 인생의 성공 포인트가 있다는 것에 주목하게 될 것이다.

그렇다면 당신 역시 오스틴과 같은 인생이 충분히 될 수 있다. 그녀가 그랬듯이 당신 또한 그렇게 할 수만 있다면 말이다.

역동적인 생각과 사람들의 마음을 움직일 수 있는 말은 '무형의 자산'임을 늘 기억하고 실행하라.

:
:
:

자신의 약점을 약점이라고 생각하면 치명적인 일을 불러올
수 있다. 하지만 약점을 장점으로 적용시킨다면 드라마틱한
일을 불러오게 될 것이다. 그리고 말을 하는 데 있어서 자신
의 약점을 드러내지 않아야 한다. 그것은 자신을 마이너스가
되게 한다. 하지만 자신의 장점으로 적용시킨다면 생각지 못
한 엄청난 결과를 낳게 될 것이다. 긍정적인 생각과 말은 가
치가 큰 '무형의 자산'임을 늘 기억하라.

자기만의 건축세계를 창조한 자하 하디드

나는 그 어떤 노력도 마다하지 않을 것입니다. 왜냐하면 그것이 내가 해야 할 일이고,
내 생각이 옳다는 것을 많은 사람들에게 증명해 보이는 유일한 길이기 때문입니다.
나의 선택이 옳았다는 것을 반드시 증명해 보이도록 할 겁니다. 그러니 절 믿고 맡겨주십시오.
- 자하 하디드

자신의 목표를 바꿔 새로운 분야에 과감하게 도전하여 성공을
이룬 사람들의 공통점은 도전정신이 강하고 호기심이 많다는 것
이다. 강한 도전정신과 호기심은 자신이 하고자 하는 일에 대해
주저하지 않게 하는 마력을 갖고 있다.

세계 최고 여성건축가로 평가받는 자하 하디드 역시 그런 부류
의 한 사람이다. 그녀는 대학에서 수학을 전공하다 뜻을 바꿔
1972년 영국의 명문 건축학교인 런던건축협회학교로 유학을 하
였다. 여자가 건축을 공부한다는 것은 당시로서는 많은 사람들의
관심을 집중시켰다. 그랬기에 그녀는 누구보다도 열심히 공부하
였다.

런던건축협회학교를 졸업한 하디드는 기존의 틀을 벗어난 색깔 있는 자신만의 길을 열기 위해 부단히 연구에 연구를 거듭하며 '페이퍼 아키텍트'에 관심을 기울였다. 페이퍼 아키텍트는 실제 지을 건물보다는 개념적이고 실험적인 건축아이디어를 도면상으로 시도하는 건축가를 말한다. 그런 그녀를 보고 대개의 건축가들은 쓸데없는 일에 시간을 보낸다고 수군거렸지만 그녀는 개의치 않고 집중한 끝에 페이퍼 아키텍트로 유명해졌다.

하디드는 새로운 스타일의 건축구상으로 국제전 공모에서 여러 차례 우승을 하며 주목을 받았다. 하지만 그녀의 독창적인 건축은 실제에서는 적용되지 못했다. 돈 되는 건축이 아니라는 선입견을 갖게 했기 때문이다.

"나는 내가 생각하는 건축의 세계가 결코 틀리지 않다는 것을 분명히 말해두고 싶습니다. 기존과 다르다고 해서 그것이 틀렸다고 하는 것은 고정관념일 뿐입니다. 세계는 하루가 다르게 변화하고 있습니다. 건축 또한 지금과는 다른 변화가 있어야 합니다. 물론 그렇게 하기 위해서는 많은 노력이 따라야 하지요. 나는 그 어떤 노력도 마다하지 않을 것입니다. 왜냐하면 그것이 내가 해야 할 일이고, 내 생각이 옳다는 것을 많은 사람들에게 증명해 보이는 유일한 길이기 때문입니다. 나의 선택이 옳았다는 것을 반드시 증명해 보이도록 할 겁니다.
그러니 절 믿고 맡겨주십시오."

하디드는 자신이 추구하는 새로운 건축에 대해 이렇게 역설하며 건축주들을 비롯해 기업과 공공기관 등을 찾아다녔고 자신을 홍보하였다.

그러나 기회는 좀처럼 오지 않았다. 하지만 그녀는 실망하지 않았다. 반드시 자신의 개성을 알아봐 줄 기회가 올 거라고 굳게 믿으며 더욱 열심히 자신을 홍보하였다.

그러던 어느 날이었다. 그녀가 그렇게도 간절히 원하는 기회가 찾아왔다. 독일 기업 바트라가 건축설계를 의뢰해온 것이다.

"저에게 기회를 주셔서 감사합니다. 저를 믿어주신 만큼 반드시 만족한 결과로써 보답하겠습니다."

하디드는 이렇게 말하며 감사함을 표했다. 그녀는 천재일우의 좋은 기회를 살려, 자신의 역량을 맘껏 펼쳐 보일 것을 스스로에게 다짐하며 열의를 다했다. 그렇게 해서 지어진 건물이 바트라 소방서인데, 이 건물은 현대 건축물의 걸작으로 평가 받으며 그녀를 새롭게 태어나게 했다.

그녀가 택한 새로운 시도는 마치 조각 작품 같은 건축물이었다. 이 건축물은 건물의 용도뿐만 아니라, 예술적 가치를 지녀 많은 사람들의 감상거리가 되었다. 이에 대해 그녀는 말했다.

"나는 기존의 그 어떤 것과는 좀 더 다른 나만의 개성을 보여주고 싶었습니다. 나다운 것 그것이 내가 추구하는 스타일이니까요."

이후 그녀는 오스트리아 인스부르크의 베르크이젤 스키점프대를 비롯해, 독일 라이프치히 BMW 빌딩을 건축하는 등 세계적인 명성을 쌓으며 능력을 과시하였다. 그리고 우리나라 동대문 운동장터에 복합문화공간인 '동대문 역사공원'을 설계하는 쾌거를 이뤄냈다.

"하디드의 당선작이 고층 타워형 건물로 하지 않고 저층 구조를 선택하면서 동대문이라는 도심지의 특성을 잘 살렸고, 공원이란 공공 공간과 건물의 관계를 잘 설정한 것 같아 좋은 건축물이 될 것으로 기대된다."

이는 그녀의 당선작에 대한 평가이다. 그녀의 당선작에 대한 평가를 보더라도 그녀의 개성과 탁월한 실력을 잘 알 수 있다. 하디드는 평범한 것을 거부한다. 자신만의 색깔이 묻어나는 새롭고 독창적인 것을 추구하였다. 새로운 더 새로운 것을 찾아 끊임없이 진화를 거듭한 것이다. 기존의 틀을 벗어나 개성을 중시하는 그녀의 스타일이 그녀를 성공적인 건축가로 거듭나게 했다.

"나는 그 어떤 노력도 마다하지 않을 것입니다. 왜냐하면 그것이 내가 해야 할 일이고, 내 생각이 옳다는 것을 많은 사람들에게 증명해 보이는 유일한 길이기 때문입니다. 나의 선택이 옳았다는 것을 반드시 증명해 보이도록 할 겁니다. 그러니 절 믿고 맡겨주십시오."

이는 하디드가 한 말로 이 말은 그녀에게 성공이라는 인생을 쓰게 했다. 기업이나 공공기관, 건축주들은 그녀의 이 말 한마디에 그녀에게 건축설계를 의뢰했고, 그녀는 자신의 말대로 그들이 만족할 만한 건축물을 완성하였던 것이다.

한 마디의 말은 말이 아니다. 그것은 천하를 바꾸기도 하고, 천하를 무너뜨리기도 한다. 하디드는 아무도 믿어주지 않은 가운데서도 자신을 믿게 한 말 한마디로 사람들의 마음을 움직여 성공한 '성공의 여신'이다.

·
·
·

불가능한 상황에서도 자신을 믿게 한다는 것은 대단한 능력이 아닐 수 없다. 대개는 그런 상황에서는 포기하기에 바쁘다. 하지만 자신이 옳다고 굳게 믿는 사람은 그 상황에서도 기가 꺾이지 않고 상대를 내 편으로 만든다. 그것은 자신을 믿게끔 확신을 주는 것이다. 즉, 상대의 마음을 움직이는 결정적인 말 한마디는 그 어떤 무기보다도 강하다는 기억하라.

억만장자 하워드 휴즈와 청년 멜빈 다마

마땅히 제가 해야 할 일을 한 것뿐입니다. 그런데 그런 말씀을 하시니 부끄럽습니다.
어르신, 늘 건강하시고 행복하세요.
- 멜빈 다마

사람을 감동시키거나 좋은 이미지를 심어주는 말은 뜻밖의 행운을 가져다주는 파랑새와 같을 때가 있다. 따뜻한 말 한마디로 친절을 베풀거나 배려할 때 돌아오는 기적 같은 이야기가 그것을 잘 말해준다. 다음 이야기는 친절한 한마디의 말이 그 사람의 인생에 미치는 영향이 얼마나 지대한지를 잘 알게 한다.

미국 유타주의 작은 도시에서 주유소를 경영하는 멜빈 다마라는 청년이 있었다. 그의 얼굴은 언제나 맑은 햇살 같이 온유했으며, 자신의 주유소를 찾는 고객들에게 항상 친절하게 대해주었다. 그래서 그의 주유소를 이용하는 사람들은 그를 예의 바른 청년이라며 칭찬했다.

그러던 어느 날 멜빈 다마는 네바다주의 사막을 지나가고 있었다. 그런데 어떤 허름한 차림새의 노인이 손을 들어 차를 세웠다.

　　"어르신, 무슨 일이 있습니까?"

　　멜빈 다마는 궁금한 얼굴로 물었다.

　　"나는 라스베이거스에 가는 길이라오. 나를 그곳까지 태워다 줄 수 있겠소?"

　　"네, 모셔다 드리겠습니다. 어서 타세요."

　　멜빈 다마는 흔쾌히 노인의 청을 들어주었다.

　　"고맙소. 이처럼 친절하다니."

　　노인은 멜빈 다마의 친절함에 깊이 매료되었다. 멜빈 다마는 라스베이거스를 향해 달려간 끝에 멈춰 서서는 노인을 내려주며 말했다.

　　"어르신, 이거 얼마 되지 않지만, 차비하세요."

　　멜빈 다마는 노인에게 25센트를 건넸다.

　　"이렇게 고마울 데가. 나는 하워드 휴즈라고 해요. 명함 있으면 좀 주시겠소."

　　노인은 인자한 미소를 머금고 말했다.

　　"여기 있습니다."

　　멜빈 다마는 명함을 건네주었다.

　　"이름이 멜빈 다마로군요. 내 오늘 진 신세는 반드시 갚겠소."

"아닙니다. 마땅히 제가 해야 할 일을 한 것뿐입니다. 그런데 그런 말씀을 하시니 부끄럽습니다. 어르신, 늘 건강하시고 행복하세요."

멜빈 다마는 이렇게 말하며 고개를 숙여 인사했다.

노인은 환하게 미소 짓고는 저쪽을 향해 걸어갔다. 멜빈 다마는 차를 돌려 주유소를 향해 달려갔다.

그렇게 시간은 흘러갔고 노인에 대한 기억은 잊혀졌다.

그러던 어느 날 이었다. 멜빈 다마는 여느 때와 다름없이 부지런히 일하며 시간을 보내던 중 우연히 신문을 보다 깜짝 놀랐다. 거기에는 자신의 이름이 큰 글씨로 쓰여 있었으며, 그에 대한 내용이 대서특필로 실려 있었다.

'하워드 휴즈 사망! 그의 전 재산 중에 16분의 1을 멜빈 다마에게 상속함.

기사를 읽고 난 멜빈 다마는 너무도 놀라 한동안 입을 다물지 못한 채 멍하니 서 있었다. 그에게 상속된 돈은 무려 천만 달러나 되었던 것이다. 그리고 오래전 자신이 태워준 노인이 억만장자 하워드 휴즈라는 사실이 마치 극적인 드라마처럼 여겨졌던 것이다.

"행운을 얻은 기분이 어떻습니까?"

멜빈 다마를 인터뷰하러 온 기자가 물었다.

"나는 당연히 한 일을 했을 뿐인데, 이런 행운이 올 줄은 꿈에도 몰랐습니다. 그저 감사한 마음입니다."

멜빈 다마는 이렇게 말하며 미소 지었다.

그 일이 있은 후 멜빈 다마는 더욱 친절하게 말하고 행동하였다. 그것이 자신은 물론 사람들에게도 좋은 에너지를 준다는 것을 똑똑히 알았기 때문이다.

> "마땅히 제가 해야 할 일을 한 것뿐입니다. 그런데 그런 말씀을 하시니 부끄럽습니다. 어르신, 늘 건강하시고 행복하세요."

이는 멜빈 다마가 하워드 휴즈를 감동하게 한 말이다. 그는 늘 누구에게나 하던 대로 말한 것뿐이었다. 그런데 그 말이 그에게 행운을 몰고 왔다. 이는 무엇을 뜻하는가.

사람을 대할 때는 친절하게 말하고 행동해야 한다는 것과 진정성을 갖고 사람을 대하면 뜻하지 않게 좋은 일이 축복으로 돌아온다는 것을 의미한다.

당신은 이에 대해 어떤 생각이 드는가. 만일 당신에게 누군가가 도움을 요청한다면 당신은 어떻게 할 것인가. 그것은 당신만이 내릴 수 있는 결정이다.

그렇다면 문제는 간단하다. 당신 또한 친절하게 말하고 행동하라. 멜빈 다마가 그랬듯이 그것은 당신에게 축복으로 되돌아올지도 모른다. 아니, 분명코 기쁜 일이 당신을 행복하게 할 것이다.

·
·
·

행운을 바라고 사람들에게 친절하게 말하고 행동한다는 것
도 자신에게는 매우 바람직한 일이다. 그것은 마치 바라는
것을 얻기 위한 일종의 기도와도 같은 것이니까. 그러나 무
엇을 바라고 하는 것보다 친절한 말과 행동이 몸에 밴 습관
처럼 자연스러워야 한다. 즉 기대심리를 갖지 말고 그것 자
체가 삶이어야 한다. 그랬을 때 좋은 일은 더욱 값지고 빛
나는 법이다. 그리고 스스로를 더욱 기쁘고 행복하게 할 것
이다.

셸 석유회사 창업주
마커스 새뮤얼의 성공비법

자 보세요. 찬란하게 빛나는 이 멋진 액세서리를.
빈껍데기에 불과 했던 조개가 이처럼 멋스러운 보물이 되었듯이,
이 액세서리는 여러분에게 행복과 행운을 가져다 줄 것입니다.

– 마커스 새뮤얼

세계 굴지의 석유회사 셸 창업주인 마커스 새뮤얼. 그는 유대인으로서 런던에서 고등학교를 졸업하였다. 고등학교를 졸업하던 날 노점상을 하는 그의 아버지가 새뮤얼에게 말했다.

"새뮤얼, 고등학교 졸업을 축하한다. 이제 너는 너만의 길을 가야 하는데, 무엇을 할 것인가를 생각해 보았니?"

아버지의 질문에 새뮤얼은 이렇게 말했다.

"아직 구체적이지는 않지만 사업을 하고 싶습니다."

"사업을 하고 싶다? 어디서?"

새뮤얼의 아버지는 이렇게 말하며 아들의 반응을 살폈다.

"일본으로 가서 뜻을 펼쳐보고 싶어요."

"일본? 그것도 괜찮지. 그럼 그곳에 가서 앞으로 네가 무엇을 할 것인가를 진지하게 생각해 보거라. 그리고 반드시 그 해답을 찾기 바란다. 그래서 해답을 찾으면 네 뜻대로 해 보거라. 나는 네가 무엇을 하든 너를 믿는다. 그리고 명심할 것은 너에게는 자랑스러운 유대인의 피가 흐른다는 것을 한시도 잊지 말거라. 널 위해 늘 응원하고 기도하마. 일본 가는 선실 티켓은 내가 사주마."

"네, 아버지. 반드시 성공하겠습니다."

새뮤얼은 이렇게 말하며 굳은 의지를 다졌다. 그런 아들의 모습을 보고 아버지는 환하게 웃었다.

새뮤얼의 아버지는 일본으로 가는 배 3등 선실 티켓을 그에게 선물로 주었다. 일본 가는 배에 오른 새뮤얼은 푸른 파도가 넘실대는 망망한 바다를 보자 가슴이 탁 트이는 기분을 느꼈다. 순간 뜨거운 그 무엇이 아래로부터 치고 올라왔다. 그것은 미지의 세계를 향한 그의 부푼 희망이었다. 그는 두 주먹을 불끈 쥐었다.

오랜 항해 끝에 드디어 마커스 새뮤얼은 종착지인 일본에 도착하였다. 그의 주머니에는 달랑 5달러가 있을 뿐이었다. 가진 게 없던 새뮤얼은 어느 바닷가에 있는 허름한 오두막에서 며칠을 보내며 아버지가 한 말을 곰곰이 생각했다.

그러던 어느 날 새뮤얼은 바닷가를 거닐다 일본인들이 쪼그리고 앉아 열심히 무엇인가를 하는 걸 보게 되었다. 궁금증이 인 그는 가까이 다가가서 보니 모래를 파 조개를 잡고 있었다. 그 순간 새뮤얼의 눈을 번쩍이게 하는 것이 있었다. 그것은 반짝반짝 빛나는 조개껍데기였다. 새뮤얼은 조개껍데기를 유심히 살펴보다 한 가지 사실을 발견하였다. 조개껍데기가 매우 아름답다는 걸 느낀 것이다.

'조개껍데기로 단추나 담배 케이스 등을 만들면 참 좋겠어. 그래, 이걸 한번 해보는 거야.'

생각을 굳힌 새뮤얼은 부지런히 조개껍데기를 주웠다. 그리고 그것을 가공해서 런던에 있는 아버지에게 보냈다. 소포를 풀어보니 조개로 만든 단추와 담배 케이스를 비롯한 액세서리가 불빛을 받아 찬란하게 빛났다.

"야, 이거 참 예쁜데. 잘 팔리겠어."

새뮤얼의 아버지는 매우 만족해하며 수레에 담아 팔았는데 날개 돋친 듯이 팔렸다.

얼마 후 가게를 열었고, 곧이어 가게는 2층이 되고, 3층이 되고, 빈민가에서 도심지로 옮겨갔다. 일본에 있던 새뮤얼 역시 자신이 직접 액세서리를 팔았다.

"여러분, 이것이 무엇인지 아십니까? 이것은 조개로 만든 것들입니다. 자, 보세요. 찬란하게 빛나는 이 멋진 액세서리를. 빈껍데기에 불과했던 조개가 이처럼 멋스러운 보물이 되었듯이, 이 액세서리는 여러분에게 행복과 행운을 가져다 줄 것입니다."

새뮤얼의 멋진 말에 일본 사람들은 너도 나도 할 것 없이 조개 껍데기로 만든 액세서리에 열광하였다. 새뮤얼 또한 많은 돈을 벌었다. 금고에 돈이 쌓이자 새뮤얼은 다른 사업을 생각했다. 그는 생각에 생각을 거듭한 끝에 석유 사업을 시작하였다.

그런데 먼 거리까지 석유를 운송하는 것이 문제였다. 그래서 새뮤얼은 곰곰이 생각한 끝에 탱커(유조선)를 직접 디자인했다. 탱커의 발명으로 그는 억만장자가 되었다.

"자, 보세요. 찬란하게 빛나는 이 멋진 액세서리를. 빈껍데기에 불과했던 조개가 이처럼 멋스러운 보물이 되었듯이, 액세서리는 여러분에게 행복과 행운을 가져다 줄 것입니다."

이는 일본 사람들을 사로잡은 새뮤얼의 성공을 부른 말이다. 이 말엔 사람들이 반드시 사야겠다는 기대심리를 갖게 한다. '행복'과 '행운'이란 말은 농서고금을 막론하고 누구나 좋아하고 바라는 삶의 욕구이다. 특히, 일본 사람들의 민족성은 더더욱 행운에 대한 욕구가 크다.

새뮤얼은 지혜롭게도 이를 잘 적용시킴으로써 맨 주먹으로 세계적인 기업가로 성공할 수 있었다.

만일 그가 아이템만 좋았다면 어떻게 되었을까. 물론 돈은 많이 벌었을지도 모른다. 하지만 세계적인 기업가는 되지 못했을 것이다. 아이템과 더불어 그것을 사람들에게 각인시킨 '말의 힘'이 있었기에 가능했던 것이다. 새뮤얼에게 있어 말은 성공의 제일 조건이었다.

·
·
·

아이템이 아무리 좋고, 상품이 뛰어나다고 해도 성공을 한다는 보장은 없다. 홍보가 되지 않으면 그만큼 상품의 가치를 알리는 데 제약을 받기 때문이다. 여기에 홍보의 필요성이 있는 것이다. 홍보 수단의 핵심 포인트는 소비자들에게 상품을 각인시키는 '말'과 '문구'이다. 특히, 말은 강력한 홍보 포인트 요소이므로 각별히 유념하여 적용시켜야 한다. 즉, 말이 곧 무기인 것이다.

현대무용의 개척자 이사도라 덩컨의 말

발레는 일부 사람들만 즐기는 무용이 아닙니다. 발레는 누구나 즐겨야 합니다.
그것이 내가 생각하는 발레입니다. 이에 나는 나의 모든 열정을 다 바쳐
내가 생각하는 발레를 펼쳐 보일 것입니다.
- 이사도라 덩컨

현대무용의 개척자, 현대무용의 여신 이사도라 덩컨.

이사도라 덩컨은 미국 출신으로 어린 시절 음악 교사였던 어머니로부터, 음악의 기초와 발레를 배웠다.

"이사도라 덩컨, 너는 장차 훌륭한 무용가가 될 거야. 그러니 너만의 길을 가기 위해서는 어떤 어려움이 있더라도 이겨내야 한다. 알겠지?"

"네, 엄마. 반드시 훌륭한 발레가가 되겠어요."

이사도라 덩컨의 어머니는 가르쳐주는 대로 잘 해내는 어린 딸이 너무도 기특해 이렇게 말하면, 어린 딸은 눈을 초롱초롱 반짝이며 힘주어 말했다.

비록 나이는 어렸지만 이사도라 덩컨은 발레에 많은 관심을 보이며 장차 위대한 무용가를 꿈꾸었다. 그녀가 연습을 할 땐 너무 진지해 말조차 붙이기 힘들 정도였다. 그만큼 그녀는 천부적으로 타고난 재능에 열정을 갖춘 재목이었다.

이사도라 덩컨은 18세 때인 1897년 델리단원으로 영국으로 건너가 발레수업을 받았으며, 뉴욕으로 돌아와 다시 발레수업을 받았다.

이사도라 덩컨은 무용을 잘한 것 못지않게 개성과 주관이 뚜렷해서 무용복을 만들 때도 옷감 선택은 물론, 의상 제작 등에 세밀하게 신경을 썼다. 또한 그녀는 정통 무용복보다는 무용의 성격에 따라, 파격적인 무용복을 즐겨 입었다.

그 예로 1899년 시카고에서 무용을 발표할 때 그녀는 반라에 가까운 차림으로 무대에 섰다. 그녀의 모습을 본 관객들은 놀라움을 감추지 못했지만, 그녀에 대해 강렬한 인상을 받았다. 이처럼 그녀의 파격적인 행보에 많은 사람들은 놀라워하면서도 그녀의 미래를 예의주시하였다.

'나는 우물 안 개구리가 되어서는 안 된다. 나에겐 더 큰 무대가 필요해. 그러기엔 미국은 너무 좁아. 가자, 내 꿈을 펼칠 수 있는 곳이라면 어디든지……'

이사도라 덩컨은 자신의 뜻을 좀 더 펼쳐 보이기 위해 유럽으로 갔다. 그녀는 파리에서 새로운 무용을 발표했는데, 지금과는 다른 개성의 발레를 보여주었다. 관객들의 반응은 무척이나 뜨거웠다.

"참으로 멋지고 새로운 발레지?"

"응. 역시 소문대로야."

"장차 세계 발레 역사에 전설이 될 거야."

"맞아. 나도 그렇게 생각해."

그녀의 무용을 본 사람들은 하나같이 극찬하였다.

유럽 국가 중 독일이 이사도라 덩컨에게 가장 열렬한 관심을 보여주었다. 그녀가 택한 새로운 무용 스타일은 기존 무용에 대한 거부이며 새로움을 추구하는 도전이었다. 그리고 그녀가 시도한 발레의 대중화 운동은 발레 역사에 하나의 혁신이었다.

"지금까지의 발레는 귀족이나 부자 등 상류층이나 특수계층을 위한 발레였습니다. 나는 이를 단호하게 거부합니다. 그것은 발레의 본질을 오도하는 것이기 때문입니다. 발레는 일부 사람들만 즐기는 무용이 아닙니다. 발레는 누구나 즐겨야 합니다. 그것이 내가 생각하는 발레입니다. 이에 나는 나의 모든 열정을 다 바쳐 내가 생각하는 발레를 펼쳐 보일 것입니다."

이사도라 덩컨의 말에는 발레에 대한 그녀만의 철학이 잘 나타나 있다.

이사도라 덩컨의 매력에 푹 빠진 사람들은 그녀가 하는 일에 열렬한 지지와 아낌없는 사랑과 관심을 보내주었다.

이사도라 덩컨이 전개한 발레운동을 신무용이라고 불렀다. 그녀가 시도하고 보급한 신무용은, 기존 발레를 한층 업그레이드 시키며 신선한 바람을 일으켰던 것이다.

한마디로 이사도라 덩컨은 새로운 발레의 개척자였다. 그녀가 세계 발레 역사에서 영원한 전설이 될 수 있었던 것은, 기존의 것을 보다 새로운 것으로 이끌어낸 창조적이고 도전적인 마인드뿐만 아니라 무대의상이나 무대장치 등의 외적인 것에도 남다른 눈을 지녔기 때문이다.

오늘날 발레가 발전하는 데 있어 이사도라 덩컨의 영향이 절대적이었던 것을 보더라도, 그녀는 뛰어난 여성이었다는 것을 알 수 있다.

"발레는 일부 사람들만 즐기는 무용이 아닙니다. 발레는 누구나 즐겨야 합니다. 그것이 내가 생각하는 발레입니다. 이에 나는 나의 모든 열정을 다 바쳐 내가 생각하는 발레를 펼쳐 보일 것입니다."

이는 이사도라 덩컨이 사람들을 매료시키는 데 있어 핵심이 된 말이다. 특히 "발레는 일부 사람들만 즐기는 무용이 아닙니다. 발레는 누구나 즐겨야 합니다."라는 말은 많은 사람들의 지지를 받았다. 그동안은 귀족이나 부자들만의 전유물로만 여겼던 발레를 보통 사람들도 즐길 수 있도록 길을 활짝 열었기 때문이다.

이사도라 덩컨이 그랬듯이 지금과 다른 길을 가기 위해서는 자기만의 확고한 철학을 가져야 하고, 사람들을 자기편으로 끌어들일 수 있는 말의 능력을 지녀야 한다. 사람들을 확실하게 끌어당기는 말처럼 확실한 능력은 없다. 말은 가장 경제적이지만 가장 파괴력이 큰 자산이다.

Long Hard Think

∙
∙
∙

기존의 틀을 깨고 새로운 것에 자신을 건다는 것은 위험한 모험과도 같다. 하지만 그런 모험을 통해서만이 자신의 진가를 발휘할 수 있다. 그 진가를 발휘하게 하는 것은 그가 하는 새로움의 틀이지만, 그것을 널리 알리는 것은 말이다. 어떻게 말을 효과적으로 하느냐에 따라 그 일은 꽃을 활짝 피울 수도 있고, 꽃봉오리로 머무를 수도 있음을 기억하라.

웨인 칼로웨이가 인드라 누이를 사로잡은 말

나는 당신과 같은 사람이 꼭 필요합니다.
펩시코를 당신을 위한 특별한 공간으로 만들겠습니다.
나를 믿고 내 뜻을 받아주시기를 간청합니다.

- 웨인 칼로웨이

성공하는 데 있어 '뛰어난 조력자'를 자신의 곁에 둔다는 것은 천군만마를 얻은 것처럼 든든하다. 유방은 책사 장량을 둠으로써 항우를 물리치고 한나라의 고조가 되었다. 또한 유비는 천하제일의 지략가인 제갈량을 곁에 둠으로써 촉나라를 세워 뜻을 이루었다. 이렇듯 훌륭한 조력자는 자신이 성공하는 데 있어 반드시 필요한 존재이다.

미국 음료사업 역사에서 만년 2등의 펩시코가 코카콜라를 누르고 1등 차지해 센세이션을 불러일으킨 일은 음료역사상 백 년만의 일이었다. 펩시코가 코카콜라를 이길 수 있었던 원동력은 뛰어난 경영자인 인드라 누이가 있었기에 가능했다. 이처럼 뛰어난 인드라 누이를 영입하기 위해 심혈을 기울인 펩시코의 CEO인 웨인 칼로웨이의 사람 보는 눈은 정확했다. 그는 인드라 누이라면 반드시 펩시코를 혁신시킬 수 있다고 굳게 믿었으며, 그녀를 영입함으로써 뜻을 이룰 수 있었던 것이다.

인드라 누이는 인도 남부 첸나이 중산층 가정에서 태어났다. 그녀는 마드라스 크리스천대학에서 화학을 전공하고, 인도 경영대에서 경영학 석사 학위를 받았다. 그녀는 학교를 졸업한 후 직장인이 되었다. 하지만 그녀가 품은 꿈을 실현하기엔 조국 인도는 경제적으로나 사회적으로 너무나도 열악한 나라였다. 그녀는 자신 안에 잠들어 있는 자아에게 항상 말을 걸었다.

"나는 이렇게 살 수 없다. 난 적어도 내 꿈을 실현시켜야 한다."

자아를 실현하기 위해 만반의 준비를 마친 그녀는 마침내, 1978년 아메리칸드림을 꿈꾸며 미국 땅을 밟았다. 그렇게도 간절히 원했던 미국 땅을 밟은 그녀의 가슴은 뜨거운 열망으로 가득 차올랐다.

그녀는 예일대에 들어가 열심히 공부한 끝에 다시 경영학 석사를 땄다. 게다가 그녀에겐 강력한 추진력과 실천력이 있었다. 그리고 빠른 두뇌가 있었다. 이런 조건을 갖춘 인드라 누이는 대학 졸업 후 보스턴 컨설팅그룹과 모토로라 등에서 전략기획 분야를 담당하며 능력을 인정받았다. 그녀의 꿈은 천천히 그러나 아주 분명하게 진행되고 있었다.

그러던 어느 날 그녀에게 인생 최대의 기회가 찾아왔다. 그녀의 능력을 눈여겨 본 펩시코에서 러브콜을 보낸 것이다. 그런데 인드라 누이가 펩시코에 합류할 당시, 제너럴 일렉트릭(GE)에서도 그녀에게 러브콜을 보내왔다.

이 사실을 알게 된 펩시코의 CEO 웨인 칼로웨이는 생각에 잠겼다. 어떻게 하면 그녀의 마음을 움직일 수 있을까, 생각에 생각을 거듭하였다. 그도 그럴 것이 제너럴 일렉트릭은 초일류 기업이었기 때문이다. 제너럴 일레트릭사가 그녀를 영입하게 되면 자신의 계획은 물거품이 되고 말기 때문이다. 결심을 굳힌 칼로웨이는 인드라 누이에게 이렇게 말했다.

"잭 웰치는 내가 아는 최고의 CEO이고, 제너럴 일렉트릭(GE)은 아마도 세상에서 가장 뛰어난 회사일 겁니다. 하지만 나는 당신과 같은 사람이 꼭 필요합니다. 펩시코를 당신을 위한 특별한 공간으로 만들겠습니다. 나를 믿고 내 뜻을 받아주시기를 간청합니다."

칼로웨이의 말을 듣고 인드라 누이는 자신의 진가를 알고 최고의 대우를 약속한 펩시코를 선택했다. 그리고 자신의 꿈을 이루기 위해서는 펩시코 같은 기업이, 자신에게 필요한 존재라고 생각했다.

인드라 누이는 자신의 꿈을 이루기 위해 자신의 일에 미쳤다.

한 마디로 열정과 끈기 그 자체였다.

인드라 누이의 최대의 장점을 크게 두 가지로 볼 때 첫째는, 정확한 데이터와 탁월한 사업 분석능력에다 뛰어난 창의력에 있다. 이를 증명하듯 그녀는 웰빙 바람에 따른 세계시장의 흐름을 정확히 예측하고, 건강음료와 식품 등의 분야로 사업을 다양화시킬 것을 강력히 주장하였다. 그리고 자신이 기획한 사업안을 성사시켰던 것이다. 그녀의 예측은 자로 잰 듯 아주 정확했고 100% 성공을 거두었다. 그녀가 기획한 일은 매번 대단한 성과를 가져왔고, 그것은 곧 그녀에 대한 가치를 한껏 높여준 결과를 이루어냈다.

펩시코가 코카콜라를 이긴 건 무려 백년 만에 일이었다. 펩시코로서는 일대의 혁신이었고 기적과 같은 일이었다.

둘째, 그녀는 펩시코 회장이 되어서도 자신의 경영 스타일답게 자연스러운 분위기에서 회의를 주도하였고, 격의 없는 대화를 하는 등 커뮤니케이션을 중시하였다. 이는 직원들의 마음을 하나로 끌어모아 뜻을 결속시킴으로써 열정을 극대화시켰던 것이다. 그 결과 그녀에게는 '감성지능형 리더십 CEO'라는 평가가 주어졌다. 그리고 이는 기업을 경영하는 사람들에게 하나의 새로운 경영 방식의 정형으로 자리 잡았다.

인드라 누이는 말한다.

"당신이 새로운 사업 모델을 개발했다고 생각하는 순간, 그것은 사라진다. 왜냐하면 누군가는 그것을 모방할 것이기 때문이다."

과연 최고의 CEO 다운 생각이다. 자신의 꿈을 이루기 위해 주도면밀하게 계획을 세우고 미국을 선택한 인드라 누이. 전 세계 최고의 지식인들이 활개를 치는 드넓은 미국에서, 그것도 여자의 몸으로 날고 긴다는 무수한 남자들을 제치고 성공신화를 새롭게 쓴 인드라 누이의 최대의 장점은, '무에서 유를 창조'하는 독창적이고 풍부한 창의력이다. 인드라 누이의 경우를 보더라도 한 사람의 기발한 창의력이 얼마나 위대한 능력을 발휘하는지를 똑똑히 알 수 있다.

> "나는 당신과 같은 사람이 꼭 필요합니다. 펩시코를 당신을 위한 특별한 공간으로 만들겠습니다. 나를 믿고 내 뜻을 받아 주시기를 간청합니다."

이는 칼로웨이가 인드라 누이를 사로잡은 말이다. 특히, 인드라 누이는 "펩시코를 당신만을 위한 특별한 공간으로 만들겠습니다."라는 말에 매료되었던 것이다. 이는 무엇을 뜻하는가. '당신이 하고 싶은 대로 맘껏 해도 좋다. 그러기 위해 나는 당신이 필요로 하는 모든 것을 다 해주겠다. 당신이 바로 펩시코이며 펩시코의 미래다'라는 의미를 내포하고 있다.

이처럼 자신의 능력을 믿고 모든 것을 맡긴다는 말에 인드라 누이는 크게 고무되었던 것이다. 그리고 자신의 열정을 바친 끝에 코카콜라를 누르고 1등을 차지할 수 있다.

인드라 누이가 그랬던 것처럼 당신 역시 당신만의 매력을 발산해보라. 누군가가 그런 당신의 능력을 살지도 모른다. 그러기 위해서는 자기만의 철학과 방식이 분명해야 한다. 그것은 곧 자신의 능력을 입증하는 일이기 때문이다.

Long Hard Think

.
.
.

성공한 사람들 중에는 뛰어난 사람을 자신 곁에 둠으로써 자신의 부족함을 극복하고 뜻을 이룬 이들이 많다. 그들에게 능력 있는 사람은 그 어떤 자산보다도 가치가 있었다. 그래서 그들은 자신에게 필요한 사람을 눈여겨보았다가 결정적인 순간 그를 자신의 사람으로 만들었다. 그 비결은 무엇이었을까. 그것은 곧 상대의 마음을 사는 거였는데, 그 주체는 마음을 움직이는 말이다. 마음을 끌어당겨 감동을 주는 말, 그것은 말이 아니라 하나의 '거대한 자산'인 것이다.

가이드 포스트와 더크 부인

《가이드 포스트》는 좋은 잡지입니다. 이 잡지를 기다리는 사람들이 많습니다.
나는 여러분들에게 투자자로서 당부하고자 합니다.
매사를 긍정적으로 생각하고 비전을 품으세요. 그리고 자신감을 가지세요.
이 두 가지를 가슴에 품고 열정을 바친다면 《가이드 포스트》는
분명 최고의 잡지사가 될 것을 확신합니다.
- 더크

어떤 문제를 놓고도 어떤 사람은 긍정적으로 생각하는가 하면 어떤 사람은 부정적으로 생각한다. 이는 관점의 차이에서 오는 것이기도 하지만, 근본적으로 마인드의 차이에 있는 것이다.

세계적인 동기부여가이자 《적극적인 사고방식》의 저자인 노만 빈센트 필 박사가 창간한 유명 기독교 월간지인 《가이드 포스트》가 오늘닐의 잡지사로 성장할 수 있었던 배경에는 더크라는 여성 투자자가 있었다. 그녀는 투자를 했을 뿐만 아니라 심기일전할 수 있는 말 한마디로 잡지사가 발전하는 데 원동력이 되었다.

이에 대한 이야기이다.

《가이드 포스트》가 창간한 지 얼마 안 돼 잡지사 사무실에 불이

났다. 그 바람에 구독자의 주소록을 비롯한 모든 것이 불태워졌다. 실의에 빠져 있는 임직원들을 향해 발행인 노만 빈센트 필 박사가 말했다.

"다들 왜 그렇게 축 처져있어. 무슨 일을 하다 보면 언제나 문제가 있게 마련이네. 이번 일도 마찬가질세. 그러니까 다들 심기일전하자고. 우리에게 신념이 있는 한 반드시 이겨낼 수 있을 거라고 믿네."

필 박사의 말에 임직원들은 고개를 끄덕이며 공감을 표했다.

그 후《가이드 포스트》판형을 산뜻하게 바꾸고, 지면도 4쪽에서 8쪽으로 늘렸다. 먼저 잡지에 비해 훨씬 돋보이는 잡지가 되었다.

그런데 문제가 있었다. 잘 만든 잡지에 비해 판매가 따라주지 못하자 큰 적자를 봤다. 그러다 보니 인쇄공들의 월급을 주지 못했다. 이에 화가 난 인쇄공들은 월급을 주지 않으면 일을 하지 않겠다고 파업을 했다. 필 박사도 임직원들도 난감했다.

그러던 어느 날 이 소식을 듣고 한 여성이 잡지사를 찾아왔다.

"어떻게 오셨습니까?"

"잡지사의 문제로 의논할 일이 있어 왔습니다."

직원의 말에 여성은 이렇게 말하며 미소를 지었다.

"알겠습니다. 자, 이리로 오시지요."

직원은 여성을 필 박사 사무실로 안내했다.

필 박사와 인사를 나누고 난 여성이 자신의 이름을 더크라고 밝힌 뒤 잡지사에 투자하고 싶어 왔다고 말했다. 그 말을 듣고 필 박사는 미소를 띤 채 어떻게 투자할 것인지를 말해보라고 했다. 그러자 더크는 임직원들이 다 있는 가운데 얘기하겠다고 말했다.

그녀의 말을 듣고 필 박사는 임직원들을 사무실로 들어오라고 했다. 임직원들이 다들 자리에 앉자 더크는 이렇게 말했다.

"나는 《가이드 포스트》를 좋아합니다. 그런데 운영에 어려움이 있다는 말을 듣고 투자하기로 결심하고 왔습니다. 투자를 하기 전 여러분들이 생각하고 있는 잡지사의 문제점과 해결방안, 그리고 발전에 대한 생각을 들어보고 싶습니다. 그러니 각자의 생각을 말해줄 것을 제안합니다."

그러자 필 박사는 고개를 끄덕이며 말했다.

"아주 좋은 생각입니다. 자, 다들 돌아가면서 자신의 생각을 말해보게."

필 박사의 말에 임직원들은 돌아가면서 자신의 생각을 말했다. 그런데 대부분 자금 조달에 관한 이야기였다. 이야기를 듣고 난 더크가 말했다.

"외람되지만 한 말씀 하겠습니다. 여러분들의 가장 큰 문제는 비전이 없다는 것입니다. 비전이 없다는 것은 미래가 없다는 것이지요. 또한 자신감도 결여되었습니다. 그러한 생각과 자세가 바뀌

지 않는 한 《가이드 포스트》의 미래는 없습니다. 《가이드 포스트》
는 좋은 잡지입니다. 이 잡지를 기다리는 사람들이 많습니다. 나
는 여러분들에게 투자자로서 당부하고자 합니다. 매사를 긍정적
으로 생각하고 비전을 품으세요. 그리고 자신감을 가지세요. 이
두 가지를 가슴에 품고 열정을 바친다면 《가이드 포스트》는 분명
최고의 잡지사가 될 것을 확신합니다."

에너지 넘치는 그녀의 말은 임직원들에게 큰 용기를 불러일으
켰다. 더크는 약속대로 잡지사에 투자를 했고, 임직원들은 심기일
전하여 노력한 끝에 오늘날의 잡지사가 될 수 있었다.

> "《가이드 포스트》는 좋은 잡지입니다. 이 잡지를 기다리는 사
> 람들이 많습니다. 나는 여러분들에게 투자자로서 당부하고
> 자 합니다. 매사를 긍정적으로 생각하고 비전을 품으세요. 그
> 리고 자신감을 가지세요. 이 두 가지를 가슴에 품고 열정을
> 바친다면 《가이드 포스트》는 분명 최고의 잡지사가 될 것을
> 확신합니다."

이는 《가이드 포스트》 임직원에게 한 더크의 희망과 에너지 넘
치는 말이다. 비전과 자신감이 없던 임직원들은 이 말을 듣고 자
신들의 자세를 바꿔야겠다고 결심한 것이다. 임직원들의 자세가

바뀌자 잡지사는 나날이 성장하기 시작했다. 그리고 마침내 최고의 잡지사가 되었던 것이다.

이 이야기에서 보듯 한 사람의 희망과 에너지 넘치는 말은 그 어떤 것보다도 힘이 세다.

만일 당신이 누군가로부터 인정받기를 원한다면, 그래서 누군가의 도움으로 당신의 뜻을 이루고 싶다면 누군가의 마음을 움직여라. 그가 당신에게 힘이 되어 줄 수 있도록 말이다. 이때의 말은 말이 아니라 다이아몬드보다도 더 값진 '언어의 보석'인 것이다.

Long Hard Think

·
·
·

사람의 마음을 사는 것 중 가장 근본적이고 가장 쉽게 할 수 있는 것은 감동을 주는 말이다. 감동을 주는 말은 사람의 마음의 문을 활짝 열게 한다. 그리고 그에게 힘이 되어준다. 사람의 마음을 사고 싶다면 그가 감동하게 하라. 감동을 주는 말은 큰 능력이자 큰 자산이다.

나다니엘 호손과 아내의 말 한마디의 힘

당신 꿈이 소설가가 되는 거잖아요. 사실 지금에서야 말이지만 나 그동안 소설을 쓰지 못하고
직장 생활하는 당신에게 많이 미안했거든요. 그러니 내 말대로 하세요.
당신은 충분히 잘 해 낼 거예요. 난 당신을 믿어요.

- 나다니엘 호손 아내

세계의 고전이 된 소설 《주홍 글씨》의 작가인 나다니엘 호손은
작가가 되기 전에는 세관의 검사관으로 근무하였다.

그러던 어느 해 그는 잘 다니던 직장에서 파면을 당하고 말았
다. 그해에 있었던 대통령 선거에서 호손이 지지하는 민주당이 패
하는 바람에 일자리를 잃은 것이다.

'앞으로 어떻게 한담. 무엇을 하고 살아야 할지 난감하구나.'

호손은 이렇게 생각하며 깊은 한숨을 내쉬었다. 그는 어깨가 축
처져 집으로 왔다. 호손의 아내는 평소와 같이 반갑게 그를 맞아
주었다.

"어서 와, 여보. 오늘도 수고 많았어요."

아내의 말에 호손은 엷게 미소 지으며 방으로 들어가 옷을 갈아입고 거실로 나왔다. 주방에는 맛있는 저녁이 차려져 있었다.

"여보, 시장할 텐데 어서 식사해요."

호손은 아내의 말에 맛있게 식사를 하였지만, 그의 머릿속은 생각으로 가득 차 있었다. 아내가 실망하지나 않을까, 하는 생각에서였다. 식사를 하고 커피를 마시던 호손이 무겁게 입을 떼었다.

"여보, 어떡하지?"

호손은 더 이상 말을 잇지 못하고 아내를 바라보았다. 그의 표정에서 무슨 일이 있음을 직감한 아내가 엷은 미소를 지며 말했다.

"왜, 무슨 일 있어요? 괜찮으니까 말해 봐요."

호손은 아내의 다정다감한 말에 어색한 미소를 짓고는 오늘 있었던 일을 말했다.

"미안해, 여보."

"여보, 미안해하지 않아도 돼요. 오히려 잘 됐어요."

호손의 아내는 이렇게 말하며 오히려 잘 됐다고 말했다. 아내의 말에 조금은 안정을 찾은 호손이 말했다.

"여보, 그게 무슨 말이야. 오히려 잘 됐다니."

"여보, 이참에 당신이 쓰고 싶었던 소설을 쓰세요. 그동안 모아놓은 돈이 있으니 그걸로 생활을 하면 돼요. 그리고 내가 일을 하면 얼마든지 생활해 나갈 수 있어요."

"그래도 될까?"

호손은 이렇게 말하며 입술을 잘끈 깨물었다.

"물론지이요. 당신 꿈이 소설가가 되는 거잖아요. 사실 지금에
서야 말이지만 나 그동안 소설을 쓰지 못하고 직장 생활하는 당신
에게 많이 미안했거든요. 그러니 내 말대로 하세요. 당신은 충분
히 잘 해낼 거예요. 난 당신을 믿어요."

호손의 아내는 이렇게 말하며 그의 손을 꼭 잡았다.

"고마워, 여보. 내 반드시 멋진 소설을 써서 성공할게."

호손은 이렇게 말하며 아내에게 고마움을 표했다.

그날부터 호손은 소설 쓰기에 몰입하였다. 쓰고 싶은 소설을 써
서 그런지 호손의 표정은 매우 밝아 보였다. 그가 소설을 쓰는 동
안 아내는 그가 걱정하지 않도록 집안을 잘 꾸려나갔다. 그렇게
시간이 흐르고 드디어 소설을 완성하였다. 그리고 책으로 출판되
었다. 그 소설이 바로 지금은 고전이 된《주홍 글씨》이다.

이 소설은 출판되자마자 언론과 평론가들로부터 크게 주목받
으며 회자되었다. 호손은 하루아침에 유명자가가 되었다.《큰 바
위 얼굴》또한 그의 작품으로 그는 세계적인 작가가 되었다.

"당신 꿈이 소설가가 되는 거잖아요. 사실 지금에서야 말이
지만 나 그동안 소설을 쓰지 못하고 직장 생활하는 당신에게

많이 미안했거든요. 그러니 내 말대로 하세요. 당신은 충분히 잘 해낼 거예요. 난 당신을 믿어요."

이는 호손을 세계적인 작가로 만든 그의 아내의 말이다. 이 말에는 남편을 진정으로 사랑하는 아내의 마음이 잘 나타나 있다. 이처럼 아내로부터 절대적인 믿음과 사랑이 담긴 말을 듣는다는 것은 남편으로서는 무한한 행복이 아닐 수 없다.

만일 호손의 아내가 직장을 잃은 무능한 남편이라고 핀잔을 주고 자존심을 마구 긁어댔다면 어떻게 되었을까. 아마도 평범한 남자로 평생을 살았을지도 모른다. 그런데 행복하게도 호손은 자신을 믿어주는 좋은 아내의 격려에 힘입어, 열심을 다한 끝에 마침내 세계적인 작가가 될 수 있었다.

Long Hard Think

．
．
．

자신을 믿어주는 사람의 말은 그 어떤 것보다도 큰 힘이 된
다. 그런 사람을 곁에 두기 위해서는 자신이 먼저 그에게 잘
하고 믿음을 갖게 행동해야 한다. 결국 자신에게 주어지는
모든 결과는 자신이 만드는 거라는 것을 잊지 말아야 할 것
이다.

제임스 캐시 페니와 조지 부슈넬

회사에 필요 이상의 출장비를 지출하게 한다는 것은 바람직한 일이 아니지요.
그렇게 한다는 것은 회사에 누를 끼치는 일이니까요.
— 조지 부슈넬

    사람의 마음을 움직인다는 것은 쉽지 않지만, 그렇다고 어려운 것도 아니다. 또한 말을 유창하게 잘해서 움직일 수도 있고, 움직이지 못할 수도 있다. 그리고 말을 못해도 마음을 움직일 수 있고, 움직이지 못할 수도 있다.

    사람의 마음을 움직이는 것으로는 진정성 있는 말, 예의 바른 행동, 인사성, 친절함, 성실성, 배려 등을 꼽을 수 있다. 특히, 이 중 진정성 있는 말과 행동은 사람의 마음을 사는데 가장 효과적이다. 진실한 마음과 행동은 믿음과 신뢰를 갖게 하기 때문이다.

    다음 이야기는 진정성 있는 사람이 어떻게 자신의 삶을 변화시키는지를 잘 알게 한다.

농기구회사에 다니는 조지 부슈넬은 야간을 할 만큼 생활력이 강하고 책임감이 강하다. 야간을 마치고 늦게 집에 가는 것이 일상이 된 지 오래지만 그의 자세는 한 번도 흐트러져 본 적이 없다.

부슈넬이 야간을 마치고 늦게 집에 가다 보면 그때까지 불을 환히 밝힌 채 영업을 하는 가게가 있었다. 부슈넬은 그냥 지나칠 법도 한데 자신이 먼저 이렇게 말했다.

"수고가 많으시네요. 언제나 밤늦게까지 문을 열어 놓으시는군요."

"그건 당신도 마찬가지지요. 매일 이 시간에 지나가는 걸 보곤 하니까요."

가게 주인은 이렇게 말하며 환하게 웃었다. 그러디 무엇이 생각난 듯이 멈칫 하더니 이렇게 말했다.

"나는 제임스 캐시 페니라고 합니다."

"나는 조지 부슈넬입니다."

둘은 자신의 이름을 주고받으며 악수를 하였다.

그러던 어느 날 둘은 우연히 새벽 두 시에 어떤 역에서 만났다.

"아니, 부슈넬 씨 아니십니까? 어디 갔다 오시는가 봅니다."

"네. 근데 페니 씨도 출장을 다녀오시는가 봅니다."

"추운데 호텔에서 기다리지 않고 이렇게 역에서 가다리시다니."

"물론 나도 따뜻하게 호텔에서 기다리고 싶지요. 하지만 회사에 필요 이상의 출장비를 지출하게 한다는 것은 바람직한 일이 아니지요. 그렇게 한다는 것은 회사에 누를 끼치는 일이니까요."

페니의 말에 부슈넬은 이렇게 말했다. 그의 말을 듣고 페니는 참 성실하고 반듯한 생각을 가진 사람이구나, 하고 생각했다.

그러던 어느 날 페니는 자신의 백화점에서 같이 일하자며 부슈넬에게 편지를 썼다. 월급을 70달러 주겠다고 했다. 하지만 부슈넬은 정중하게 거절하였다. 자신이 지금 받는 월급 175달러에 한참이나 미치지 못하는 금액이었기 때문이다. 그러자 페니는 90달러를 주겠다며 다시 편지를 보내왔다. 부슈넬은 그가 왜 자신과 같이 일하고 싶은지 궁금해졌다. 얼마를 생각에 잠겨있던 부슈넬은 지금 월급보다 훨씬 작은데도 흔쾌히 수락하였다. 거기에는 그럴만한 사정이 있을 거라고 생각한 것이다.

페니와 부슈넬은 하나가 되어 힘써 일했다. 그러자 백화점은 날이 갈수록 발전에 발전을 거듭하였다. 그리고 마침내 미국 제일의 백화점으로 우뚝 서게 되었다. 그와 더불어 부슈넬 또한 크게 성공하였다. 그 백화점은 바로 제이씨 페니이다.

"회사에 필요 이상의 출장비를 지출하게 한다는 것은 바람직한 일이 아니지요. 그렇게 한다는 것은 회사에 누를 끼치는 일이니까요."

이는 부슈넬이 페니의 마음을 움직이게 한 말로, 이 말속에는 회사를 아끼고 사랑하는 그의 진정성이 잘 나타나 있다. 이처럼 회사를 사랑하는 사람이라면 무슨 일을 맡겨도 자신의 일처럼 잘 해낼 뿐만 아니라 회사가 위기에 빠진다 해도 능히 회사를 위기에서 구해낼 거라는 확신을 갖게 한다.

부슈넬의 말 한마디는 페니를 크게 감동하게 했고, 그를 자신의 파트너로 삼으로써 크게 성공할 수 있었다.

동서고금을 막론하고 진정성 있는 사람은 누구에게나 환영을 받는다. 진정성은 거짓이 없는 마음으로 사람이 반드시 갖춰야 할 마인드이기 때문이다. 성실한 자세 또한 사람이 반드시 갖춰야 할 마인드이다. 성실한 사람은 무엇을 맡겨도 자신의 일처럼 책임지고 해내는 능력이 뛰어나다. 그런 까닭에 성실한 사람은 누구에게나 환영받는 것이다.

당신은 당신의 직장에서 필요한 존재가 되고 싶을 것이다. 또 당신이 사랑하는 사람에게 인정받고 사랑받고 싶을 것이다. 그렇다면 진정성 있는 사람이 되어 성실한 몸가짐을 갖춰야 한다. 그것이야말로 사람들에게 믿음을 사는 최선의 방법이기 때문이다.

상대방과의 커뮤니케이션을 원활하게 하는 8가지 원칙

1 의구심으로 상대방의 의도를 추측하지 말아야 한다.

2 서로의 사고방식에 대해 상의해야 한다.

3 자신의 문제를 상대방 탓으로 돌리지 말아야 한다.

4 상대방의 체면을 깎아내리지 말아야 한다.

5 상대방에게 자신의 감정을 발산하는 기회를 주어야한다.

6 상대방의 말을 적극적으로 듣고 친절한 태도를 보여야 한다.

7 상대방이 이해할 수 있도록 말해야 한다.

8 상대방이 아니라 문제에 대해 맞서야 한다.

_ 윌리엄 유리

Long Hard Think

:
:
:

맨주먹으로 크게 성공한 사람들에게는 그들만의 강점이 있다. 사람의 마음을 움직이게 하는 진정성이 뛰어난다든지, 책임감이 강하다든지, 믿음과 신뢰성이 좋다든지 하는 등 남들이 따라 오지 못할 만큼 큰 강점을 지녔다. 이는 돈으로도 그 무엇으로도 살 수 없다. 그것은 타고난 성품과 오직 마음의 수련을 통해서만 기를 수 있다.

프리드리히 헨델과
시인
찰스 제네스

프리드리히 헨델과 시인 찰스 제네스

그는 사람들에게 거절당했으며 또한 비난까지 당했다.
그는 자신에게 용기를 줄 누군가를 찾고 있었다. 그러나 그 어디에도 없었다.
그 누구도 그를 편하게 대해 주지 않았다. 그는 하나님을 믿기로 했다.
하나님은 그의 영혼을 지옥에서 건져 주었다. 하나님은 당신에게 안식을 줄 것이다.

- 찰스 제네스

음악의 어머니라고 불리는 바로크 시대의 위대한 음악가 프리드리히 헨델. 그는 독일에서 태어나 이탈리아에서 음악 활동을 펼치면서 명성을 얻었다. 그 후 그는 영국으로 가서 영국을 주 무대로 활동하였다. 그가 영국에 발을 붙인 것은 오페라 〈리날도〉가 런던에서 큰 호응을 얻었기 때문이다. 그는 〈앤 여왕의 생일을 위한 송가〉를 작곡하여 앤 여왕의 총애를 한 몸에 받았다. 영국의 귀족들은 물론 지식인들에게도 진정한 음악가로 존경 받았다. 그는 1726년 영국 국민이 되었다. 그는 왕실 예배당의 작곡가가 되었고, 왕립 음악 아카데미의 음악 감독으로 상연되는 오페라를 대부분 작곡하였다. 그는 음악가가 누릴 수 있는 명성을 최대한 누리며 부유하게 살았던 음악사에서 가장 축복 받은 음악가였다.

그런데 그런 헨델에게도 불행은 찾아왔다. 그는 1737년 뇌일혈로 발작을 일으키며 병을 얻게 되었다. 그런데다 오페라의 쇠퇴로 그가 운영하던 극장은 파산했고 그는 빈털털이가 되었다.

하루아침에 화려했던 지난날의 모든 영광이 날아가 버렸다. 살아있다는 자체가 스스로에게 짐이 될 만큼 하루하루가 헨델에겐 고통이었다. 그러나 그렇다고 해서 생목숨을 끊을 수는 없었다.

헨델의 나이 56세이던 어느 겨울날이었다. 초췌한 몰골로 그는 어깨를 잔뜩 움츠린 채 런던 거리를 걷고 있었다. 사람들은 그가 지난날의 화려한 명성의 음악가 헨델이라는 것을 모르는지 그냥 스쳐지나갔다. 일장춘몽이란 말처럼 과거는 그저 한여름 밤의 꿈과 같을 뿐이었다. 거리를 떠돌다 지쳐 집으로 돌아온 헨델은 책상 위에 놓인 낯선 봉투를 발견하였다.

'이것이 대체 무슨 봉투지?'

그는 의아해하며 봉투를 집어 안의 내용물을 꺼냈다. 종이에는 '신에게 바치는 오라토리오'라는 글씨가 씌어 있었다. 찰스 제네스라는 시인이 보낸 것이었다. 편지에는 다음과 같은 내용이 적혀 있었다.

존경하는 헨델 선생님께

안녕하세요. 저는 시를 쓰는 찰스 제네스라고 합니다. 제가 선생님께 편지를 쓰게 된 것은 제가 쓴 글을 오라토리오로 즉시 작곡할 수 있을까 해서입니다. 선생님이라면 충분히 곡을 쓰실 수 있을 거라고 생각합니다. 제가 쓴 글은 봉투에 따로 있으니 한 번 읽어봐 주세요. 한 번도 직접 선생님을 뵌 적이 없는 제가 무례하다고 생각되시더라도 너그럽게 이해해주세요. 선생님이시라면 충분히 후세에 길이 남는 곡을 쓰시리라 굳게 믿습니다. 좋은 소식이 오길 간절히 바라며 기다리고 있겠습니다.

오라토리오를 즉시 작업할 수 있는지 여부를 묻는 내용이었다. 헨델은 별 관심 없는 표정으로 제네스의 글을 대충 훑어보고 봉투를 내려놓으려는 순간이었다. 그는 한 대목에서 눈길이 멈추었다. 그의 눈길을 사로잡은 대목은 다음과 같다.

'그는 사람들에게 거절당했으며 또한 비난까지 당했다. 그는 자신에게 용기를 줄 누군가를 찾고 있었다. 그러나 그 어디에도 없었다. 그 누구도 그를 편하게 대해 주지 않았다. 그는 하나님을 믿기로 했다. 하나님은 그의 영혼을 지옥에서 건져 주었다. 하나님은 당신에게 안식을 줄 것이다.'

헨델은 이 글을 읽고 나서 가슴이 뭉클해졌다. 마치 어려움에 처해 있는 자신을 향한 말처럼 느껴졌다. 그 순간 자신도 모르게 눈물이 흘러내렸고 가슴이 뜨거워지며 불덩이가 이글거리는 것 같았다. 그의 입에서는 탄성이 흘러나왔고 머릿속에서는 알 수 없는 멜로디가 떠올랐다. 그는 즉시 펜을 들고 악보를 그려 나갔다. 그는 식사도 거른 채 작곡에만 열중하였다. 작곡을 하는 동안 그는 마치 혼이 나간 사람 같았다. 앉았다 일어서기를 반복하고, 이리저리 움직이며 머리를 쥐어뜯기도 했다. 마침내 그는 작곡을 시작한 지 23일 만에 곡을 완성했다.

곡을 완성한 헨델의 얼굴에는 기쁨이 가득했다. 환희에 찬 모습이었다. 그는 곡이름을 〈메시아〉라고 지었다. 〈메시아〉는 많은 사람들의 기대 가운데 상연되었다. 상연 후 극장에 있던 사람들은 감동에 젖은 얼굴로 들떠 있었다. 당시 국왕이었던 조지 2세가 합창을 듣고 감동한 나머지 벌떡 일어났던 일화는 지금까지도 전해져 내려온다. 헨델은 자신에게 주어진 재능을 아낌없이 쓴 천재 작곡가였다.

"그는 사람들에게 거절당했으며 또한 비난까지 당했다. 그는 자신에게 용기를 줄 누군가를 찾고 있었다. 그러나 그 어디에도 없었다. 그 누구도 그를 편하게 대해 주지 않았다. 그는 하나님을 믿기로 했다. 하나님은 그의 영혼을 지옥에서 건져 주었다. 하나님은 당신에게 안식을 줄 것이다."

이는 시인 제네스가 쓴 글로 헨델의 마음에 감동을 줌으로써 불후의 명곡 〈메시아〉를 쓰게 한 원동력이 되었다.

이처럼 절박한 순간에 놓여진 한 사람의 인생에 있어 누군가의 말은 '생명의 빛'이 되게 한다. 만일 헨델에게 제니스가 없었더라면 어떻게 되었을까. 아마 후세에 길이 남은 〈메시아〉를 작곡하지 못했을 것이다. 그리고 불행한 최후를 맞이했을지도 모른다.

누군가에 힘이 되는 말을 하라. 그로 인해 당신 또한 힘들고 고통스러울 때 누군가로부터 큰 용기를 얻게 될 것이다.

Long Hard Think

．
．
．

인생 최악의 상황에 놓여 있을 때 또는 고통 속에서 하루하
루를 보낼 때 용기를 주고 힘이 되어주는 한 마디의 말은 이
세상 그 무엇보다도 가치가 있다. 그 말은 그 사람에겐 다시
시작하게 하는 '희망의 등불'이기 때문이다. 한마디 말도 진
정성을 갖고 하는 당신이 돼라.

앤드류 잭슨과 어머니의 사랑의 말

아들아, 나는 네가 이를 잘 지켜 행할 것을 추호도 의심하지 않는다.
너는 내 아들이고 나는 내 아들인 너를 잘 아는 까닭이다. 다시 말하지만 혹여,
엄마가 네 곁을 떠나게 되더라도 네 옆엔 항상 엄마가 있다는 것을 잊지 말거라.
아들아, 사랑한다.
- 앤드류 잭슨 어머니

동서고금을 막론하고 자식에 대한 어머니의 사랑은 하나 같이
헌신적이고 아름답고 감동적이다. 독일 시인 실러는 이를 두고
'신은 모든 곳에 있을 수 없어 어머니를 만드셨다'라고 말했다. 실
러의 말처럼 어머니는 위대한 사랑의 현인(賢人)이시다.

어머니의 지극한 사랑과 따뜻한 한 마디의 말이 자식의 인생에
있어 얼마나 중요한지를 잘 알게 하는 이야기이다.

미국의 7~8대 대통령 앤드류 잭슨은 열네 살 어린 나이에 군대
에 들어갔다. 우리나라 나이로 치면 이제 겨우 중학교에 들어갈
나이에 군대를 간다는 것은 쉽지 않은 일이다. 그럼에도 그의 어
머니는 비록 어린 아들이지만 그의 뜻을 존중해 주었다. 웬만한

어머니 같으면 극구 말렸을 것이다. 그랬기에 그의 어머니의 결단으로 보아 예사롭지 않은 성품임을 짐작케 한다.

군에 입대한 잭슨은 나이는 어리지만 그 누구보다도 제 임무를 잘 해나갔다. 그러던 어느 날 적군에게 붙잡혀 감옥에 갇히게 되었다. 잭슨은 감옥에 갇혀서도 기개를 잃지 않았다.

그러던 어느 날 그만 천연두에 걸리고 말았다. 소식을 들은 잭슨의 어머니는 적군 감옥으로 찾아가 아들을 풀어달라고 간청하였다. 어린 아들을 생각하는 어머니의 간청에 못 이겨 적군은 그를 석방시켜 주었다. 잭슨의 어머니는 지극정성으로 간호를 한 끝에 잭슨은 자리에서 일어날 수 있었다.

잭슨의 어머니는 전쟁터에서 급히 간호사를 구한다는 소식을 듣고 집을 떠나기 전 아들에게 말했다.

"아들아, 엄마가 너를 볼 수 없는 일이 생길지도 모른다. 그래서 내가 네가 몇 가지 당부를 하고자 하니 잘 새겨 그대로 실천하기 바란다. 첫째는 앞으로 너 혼자 세상을 헤쳐 나가야 한다. 세상은 때론 거친 바다와 같아 너를 몹시 힘들게 할지도 모른다. 그렇다고 해서 굴복해서는 안 된다. 힘든 일을 이겨내기 위해서는 몸과 마음을 강건하게 해야 함을 잊지 말거라. 둘째, 친구는 네가 살아가는 데 있어 반드시 필요하단다. 친구를 사귀되 좋은 친구를 사귀어야 한다. 친구는 진실하고 정직하게 사귀되, 항상 변하지 않는 마음으로 대해야 한다. 그러면 친구와의 우정은 오래 지속되고 너에겐 많은 도움이 될 것이다. 다만 한 가지 명심할 것은 친구가 네게 준만큼 너 또한 친구에게 베풀어야 한다는 것을 잊지 말거라. 셋째는 네게 주어진 의무와 책임을 다 하거라. 사람을 대할 땐 친절하게 대하고 실수를 하면 반드시 실수에 대해 인정하고 두 번 다시는 같은 실수를 하지 않도록 해야 한다. 무관심은 죄와 같으니 어려운 사람을 보면 그냥 지나치지 말거라. 그리고 누구에게나 공손하고, 아부를 하는 일이 결코 없어야 한다. 넷째는 함부로 사람들을 비판하지 말고 분쟁에 휘말리지 않도록 해라. 또한 사람들과 다투지 말고 감정을 상하는 일이 없도록 해야 한다. 자칫 그것은 네게 큰 화가 미친다는 것을 항상 기억하라. 다섯째는 네게 억울한 일이 생겨 네 명예를 지키고자 할 땐 침착하고 조용히 해결하도록 해라. 그래야 네가 감정을 자제하고 지혜롭게 일을 처리함으로써 불합리한 일로부터 너를 지킬 수 있단다. 여섯째는 네가 어떤 일로 인해 분노하게 될 땐 조용히 눈을 감고 차분히 마음을 진정시키거라. 그리고 나서 분노기 가시면 그때 말하고 행동하도록 해야 뒤탈이 없는 법이란다. 아들아, 나는 네가 이를 잘 지켜 행할 것을 추호도 의심하지 않는다. 너는 내 아들이고 나는 내 아들인 너를 잘 아는 까닭이다. 다시 말하지만 혹여, 엄마가 네 곁을 떠나게 되어도 네 옆엔 항상 엄마가 있다는 것을 잊지 말거라. 아들아, 사랑한다.”

잭슨은 어머니의 말대로 반드시 실천하겠다고 굳게 약속하였다. 그리고 그는 약속을 지킨 끝에 훗날 많은 사람들로부터 지지를 받아 미국 대통령이 되었다. 그리고 국가와 국민을 위해 책임을 다하는 대통령의 본분을 잘 이행함으로써 국민들의 존경을 받고 재선에 성공하여 자신의 역량을 마음껏 펼칠 수 있었다.

> “아들아, 나는 네가 이를 잘 지켜 행할 것을 추호도 의심하지 않는다. 너는 내 아들이고 나는 내 아들인 너를 잘 아는 까닭이다. 다시 말하지만 혹여, 엄마가 네 곁을 떠나게 되도 네 옆엔 항상 엄마가 있다는 것을 잊지 말거라. 아들아, 사랑한다.”

이는 잭슨에게 깊은 감동을 준 어머니의 당부의 말이다. 이 말 속엔 아들에 대한 믿음이 잘 나타나 있다. 잭슨은 어머니가 자신을 그처럼 믿는다는 사실에 크게 감동하여 한시도 자신을 그릇되게 하는 일이 없었다.

진정성 있게 말하고 진정성 있게 행동하는 것, 그것은 자신의 인생을 보증하는 ‘보증수표’와 같음을 잊지 말아야 할 것이다.

Long Hard Think

．

．

．

동서고금을 막론하고 어머니의 따뜻한 한 마디의 말에 용기를 얻어 훌륭한 인생이 된 사람들은 이루 헤아릴 수 없이 많다. 어머니의 말엔 자식을 사랑하는 지극한 정성이 담겨 있는 까닭이다. 자식을 훌륭하게 만들고 싶다면 한 마디의 말도 진심을 담아서 하라. 그것은 자식에겐 어둔 세상을 환히 밝히는 강열한 빛이 될 것이다.

존 그라인의 열정적인 진정성

만일 저에게 똑같은 일이 주어진다면 그 누구보다도 잘할 자신이 있습니다.
사장님, 제 능력을 펼칠 수 있는 기회를 주십시오.
사장님의 선택이 옳다는 것을 증명해 보이겠습니다.

- 존 그라인

동서고금을 막론하고 자수성가한 인물들의 가장 뚜렷한 공통점은 '자기 확신'이 분명하다는 점이다. 자기 확신이 분명하면 자신이 생각하고 시도하는 일의 성공에 대한 믿음 또한 강하다. 그러다 보니 자신감이 넘치고 긍정적인 에너지가 강하게 분출함으로써 더욱 열정을 갖고 매진하게 된다. 그리고 그 결과는 희망적인 경우가 많다.

미국의 한 소년이 있었다. 집이 가난하다 보니 공부를 하고 싶어도 할 수 없었다. 소년은 열여덟 살 되던 해에 철기제품을 판매하는 회사에 잡부로 취직하였다. 주급은 2달러였다.

소년은 일을 하면서 자신이 배울 것은 없나 열심히 살펴보았다.

살펴보고 나서 느낀 것은, 상품의 대부분이 독일이나 프랑스에서 수입한 제품이라는 것과 수표나 어음도 다 독일어나 프랑스어로 표기가 되었다는 것이었다. 소년은 자신과는 상관없는 일이지만 외국어와 수표와 어음에 대해 배워두는 것도 좋겠다는 생각에 일하는 틈틈이 공부를 함은 물론 퇴근을 해서는 밤늦게까지 공부하였다.

그렇게 공부를 한 끝에 소년은 외국어는 물론 수표나 어음에 대해서 잘 알게 되었다.

회사는 바삐 돌아갔고 물품 수입 담당 직원은 식사도 잘 못할 정도였다. 그 모습을 지켜보던 소년이 담당 직원에게 말했다.

"많이 바쁘신 것 같은데 제가 도와드리면 안 될까요?"

"네가 날 돕겠다고?"

"네. 시켜만 주시면 열심히 해보겠습니다."

"말은 고맙지만 이 일은 너 같은 아이가 하긴 힘든 일이야. 외국어도 할 수 있어야 하고 수표나 어음에 대해서도 알아야 하거든."

담당 직원은 이렇게 말하며 네 일이나 열심히 하라고 콧방귀를 뀌었다. 그러나 소년은 또다시 말했다.

"제가 배우지 못해서 그런다는 것 다 알아요. 하지만 제가 잘 할 수 있는지는 한번 시켜보세요. 그래서 제가 잘 못하면 안 하면 되잖아요."

소년은 이렇게 말하며 시켜줄 것을 간청하였다.

"허참 그 녀석, 바쁜데 말 참 많네. 그럼 어디 한번 해 보거라. 그래서 못하면 두 번 다시는 귀찮게 굴지 마라."

소년의 끈질긴 간청에 담당 직원은 일을 해보라고 맡겼다.

"네, 고맙습니다."

소년은 이렇게 말하고는 맡겨진 일을 신속하고 정확하게 처리하여 담당 직원을 놀라게 했다.

"너 외국어와 수표와 어음에 대해서 어디서 배웠니?"

"독학으로 배웠습니다."

"독학으로? 너 참 대단하구나. 이 일은 아무나 하는 게 아닌데. 잡일을 하기에는 너무 아깝구나."

담당 직원은 이렇게 말하며 소년을 한껏 칭찬했다. 이 일은 회사에 널리 퍼졌다. 소문을 듣고 사장이 소년을 불러서 말했다.

"네 얘기는 들었다. 그런 너에게 잡일을 시킨다는 것은 인력낭비라는 생각이 드는구나. 너는 우리 회사에 대해 어떻게 생각하는지 말해 보거라."

"제가 지금은 비록 잡일을 하지만 제게도 꿈이 있습니다. 저는 이 회사에서 제 꿈을 찾고 싶습니다. 그러기 위해서 저는 틈틈이 외국어를 배우고 수표와 어음을 비롯해 사무적인 일을 할 수 있도록 공부하였습니다. 제가 담당 직원을 도울 수 있었던 것도 제 꿈을 실현시키기 위해 배웠던 것을 적용시킨 것뿐입니다. 만일 저에게 똑같은 일이 주어진다면 그 누구보다도 잘할 자신이 있습니다. 사장님, 제 능력을 펼칠 수 있는 기회를 주십시오. 사장님의 선택이 옳다는 것을 증명해 보이겠습니다."

소년은 이렇게 말하며 사장을 바라보았다. 소년의 말을 듣고 사장이 미소를 지으며 말했다.

"그래, 좋다. 오늘부터 너를 네가 맡게 될 업무의 책임자로 임명한다. 주급은 10달러다. 그리고 네 능력에 따라 너에게 승진 기회를 주마. 열심히 한번 네 뜻을 펼쳐 보거라."

"감사합니다, 사장님. 사장님 기대에 반드시 부응하도록 하겠습니다."

그날부터 소년은 자신을 믿고 책임자로 승진시킨 사장과 회사를 위해 열심히 일했다. 그러자 다른 부서보다 월등히 실적이 우수했다. 사장은 그를 회사의 핵심 부서인 해외무역 업무 책임자로 임명하였다. 소년은 자신에게 맡겨지는 일마다 뛰어난 실적을 올리며 승승장구하였다.

이처럼 성공의 발판을 마련한 그는 자신의 회사를 설립하여 큰 성공을 거뒀다. 그의 이름은 존 그라인이다.

"만일 저에게 똑같은 일이 주어진다면 그 누구보다도 잘할 자신이 있습니다. 사장님, 제 능력을 펼칠 수 있는 기회를 주십시오. 사장님의 선택이 옳다는 것을 증명해 보이겠습니다."

이는 존 그라인이 사장의 마음을 움직이게 한 말이다. 이 말엔 그의 강한 신념과 의지가 강렬한 에너지를 뿜어댐을 알 수 있다. 마치 자신을 선택하지 않으면 안 된다는 강력한 메시지를 품고 있다. 사장은 이 말 한마디에 존 그라인을 선택했고, 그로 인해 자신의 회사에 막대한 수익을 창출하는 결과를 낳았다.

한 사람의 뛰어난 능력은 수백, 수천, 수만 명보다도 더 큰 힘을 발휘한다는 것을 잘 알게 하는 이야기이다.

그렇다. 존 그라인이 그랬던 것처럼 언제 어디서든 자신의 능력을 펼쳐 보일 수 있도록 능력을 길러라. 특히, 자신이 필요로 하는 사람에게 자신을 지지하고 선택할 수 있도록 감동시켜라. 상대를 움직이는 것은 한마디의 말의 힘에 있다는 것을 명심하라.

Long Hard Think

·

·

·

뛰어난 능력을 갖고도 자신의 능력을 펼치지 못하는 것은 능력을 펼칠 수 있는 기회를 잡지 못해서이다. 자신이 필요로 하는 것을 얻기 위해서는 자신이 필요로 하는 사람을 감동시키는 것이다. 감동하게 되면 자신과 함께 하길 바라게 된다. 감동을 주는 말, 그것은 말이 아니라 '자산'인 것이다.

세계 오페라계의 프리마돈나
체칠리아 바르톨리 성공의 원천

오늘부터 넌 새로운 네가 되는 거야. 네 안에 있는 자아를 깨워 맘껏 너를 꽃 피우렴.
그러면 충분히 넌 잘 해낼 수 있을 거야. 엄만 널 믿는다.

– 체칠리아 바르톨리 어머니

21세기 세계 오페라계의 대표적 선두주자인 체칠리아 바르톨리. 그녀는 이탈리아 로마에서 태어났다. 그녀의 부모는 로마 오페라 단원이었다. 그런 연유로 바르톨리는 어린 시절부터 자연스럽게 음악을 접하게 되었다.

그러던 어느 날이었다. 어린 바르톨리는 누가 시키지도 않았는데 열정적으로 노래를 불렀다. 마침 그녀의 어머니가 노래를 듣고는 감동한 목소리로 말했다.

"바르톨리, 네 목소리가 너무 좋구나."

"정말요?"

"그래."

"고마워요, 엄마."

"바르톨리, 오늘부터 노래 공부를 해야겠어. 잘할 수 있겠지?"

"네, 엄마. 가르쳐주시면 열심히 할게요."

"그런데 바르톨리, 훌륭한 가수가 되기 위해서는 힘든 일이 아주 많단다. 우선은 강한 인내심이 있어야 돼. 노래를 하다 보면 지치게 되고 그러면 꾀를 부리게 되지. 꾀를 부리면 제대로 연습을 해낼 수 없단다. 그리고 예의 바르고 친절한 마음을 가져야 한단다. 사람들은 노래만 듣는 게 아니라, 그 사람의 언행에도 관심을 기울이지. 노래는 잘 하는데 품행이 바르지 않으면 비난을 하거든. 비난을 받으면 훌륭한 가수가 될 수 없단다. 또 체력관리를 잘해야 된단다. 체력이 약하면 오랜 시간 노래를 할 수 없거든. 이처럼 훌륭한 가수가 되기 위해서는 노래를 잘 하는 것 외에도 반드시 갖춰야 할 것이 많은데, 잘 해낼 수 있겠니?"

"네, 엄마. 엄마 말씀대로 열심히 실천할게요."

"그래? 그런 마음 자세라면 됐다. 오늘부터 넌 새로운 네가 되는 거야. 네 안에 있는 자아를 깨워 맘껏 너를 꽃 피우렴. 그러면 충분히 넌 잘 해낼 수 있을 거야. 엄만 널 믿는다."

"네, 엄마."

바르톨리의 어머니는 바르톨리가 노래에 소질을 보이자 그녀에게 몇 가지 당부를 하고는 노래를 가르쳤다. 어린 바르톨리는 가르쳐주는 대로 열심히 노래를 불렀고, 노래는 곧 그녀에게 꿈이 되었다. 그녀의 꿈은 매우 야무졌다. 어머니, 아버지처럼 평범한 오페라 가수가 아니라, 세계에서 최고의 오페라 가수가 되는 것이었다.

바르톨리는 자신의 꿈을 이루기 위해 희망이라는 엔진을 장착하고 차근차근 실행해 나갔다. 하루도 쉬지 않고 노래를 불렀다. 노래를 하지 않으면 견딜 수 없었다. 노래를 쉬면 그만큼 뒤쳐진다고 생각했다. 꾸준한 노력으로 그녀의 목소리는 한층 깊어지고 듣는 이들의 가슴을 울렸다.

참고 견디는 사람에게 희망은 찾아오는 법이다. 드디어 바르톨리에게 기회가 왔다. 그녀 나이 19세 때인 1985년, 그녀는 바리톤 레오 누치와 함께 텔레비전 쇼에서 노래를 부르게 되었다. 바르톨리에겐 더없는 좋은 기회였다. 그녀는 혼신을 다해 노래를 불렀고, 혼이 담긴 노래는 많은 사람들에게 감동을 주었다.

그로 인해 그녀는 오페라 가수로서의 충분한 가능성을 인정받게 되었다. 특히, 헤르베르트 폰 카라얀이나 다니엘 바렌보임과 같은 세계적인 지휘자들로부터 주목을 받았다.

바르톨리는 오페라 작곡가인 로시니가 작곡한 〈세비야의 이발사〉의 로시나와 〈라 체네렌톨라〉의 타이틀 롤과 모차르트의 〈피가로 결혼〉의 케루비노와 〈코시 판 투테〉의 도라벨리의 역을 맡아 열연했다. 그녀는 메조소프라노임에도 불구하고 소프라노가 맡는 역인 모차르트의 〈돈 조반니〉의 체를리나와 〈코시 판 투테〉의 데스피나도 맡아 자신의 실력을 유감없이 보여주었다. 바르톨리가 부른 노래는 크게 히트하면서 그녀를 세계적인 오페라 가수로 우뚝 서게 했다.

"오늘부터 넌 새로운 네가 되는 거야. 네 안에 있는 자아를 깨워 맘껏 너를 꽃 피우렴. 그러면 충분히 넌 잘 해낼 수 있을 거야. 엄만 널 믿는다."

이는 오늘의 바르톨리를 있게 한 그녀 어머니의 생동감 넘치는 희망의 말이다. 그녀는 어머니의 말에 힘입어 힘들 때마다 자신을 격려하며 스스로를 이겨냈다. 그렇게 꾸준히 노력함으로써 자기만의 철학을 갖게 되었고 그것은 긍정의 에너지가 되어 노래의 열정에 원천이 되었던 것이다.

그런데 여기서 한 가지 주목할 것이 있다. 그것은 바르톨리는 노래만 잘한 것이 아니라는 것이다. 매 시즌마다 출연 횟수를 제한하며 자신을 관리하였다. 즉 자신의 가치를 스스로 높일 줄 알았던 것이다. 이 일은 그녀에게 자기관리에도 뛰어난 가수로 정평이 나게 했다. 그만큼 그녀는 자신에게 철저했다.

바르톨리가 세계적인 오페라 가수로 성공한 것은 타고난 재능에다 끊임없는 노력, 그리고 자신을 잘 관리하면서 자신의 진가를 드높였기 때문이다.

이 모두는 바르톨리가 어렸을 때부터 그녀에게 신념과 믿음을 심어준 그녀 어머니의 가르침과 그것을 잘 따라 실천한 결과였다.

만일 누군가가 당신의 능력을 인정하고 꿈을 주고 용기를 준다면 잘 해 낼 자신이 있는가. 그렇게 할 수만 있다면 당신은 당신의 인생에게 떳떳하고 자랑스러운 존재가 될 것이다.

Long Hard Think

·
·
·

재능이 아무리 뛰어나도 열심히 하지 않으면 좋은 결과를 얻지 못한다. 그래서 누군가의 용기와 격려와 가르침이 필요한 것이다. 누군가가 당신에게 용기를 주고 힘을 실어준다면 큰 은혜로 생각하라. 그리고 믿음과 신뢰를 잃지 않게 최선을 다하라. 그러면 반드시 그에 대한 대가가 주어질 것이다.

영국의 명정치가 글래드 스턴과 아버지

아들아, 이 일은 네 인생에 아주 중요한 일이니 절대 움츠러들지 말거라.
그러면 반드시 기쁜 일이 너를 기다리고 있을 것이다. 너의 현명한 결단을 믿으마.

- 글래드 스턴 아버지

영국 빅토리아 여왕 시대 대정치가 벤저민 디즈 레일리와 쌍벽을 이루며 4회에 걸쳐 총리를 지내며 영국 국민들의 존경을 받았던 글래드 스턴. 그가 성공한 정치가 되는 데 있어 그의 아버지의 영향은 절대적이었다. 그의 아버지가 그에게 끼친 절대적인 영향은 무엇인가. 이에 대한 이야기이다.

글래드 스턴은 어린 시절 수학을 매우 싫어해, 수학이란 말만 들어도 고개를 흔들어 댈 정도였다. 그는 생각 끝에 고향에 있는 아버지에게 편지를 써서 보냈다. 다음은 그가 쓴 편지 내용이다.

아버지, 그동안 안녕하셨어요.

저는 아버지 기도와 사랑으로 잘 지내고 있습니다. 제가 편지를 쓰게 된 것은 아버지께 허락을 받기 위해섭니다. 저는 다른 과목은 다 재밌고 좋은데, 수학은 너무도 싫어 수학시간만 되면 머리가 아픕니다. 그러다 보니 수학성적도 나쁩니다. 수학에 흥미가 없어 수학을 포기하고 그 대신 다른 공부에 더 집중하려고 하니, 허락해주세요.

아버지 답을 기다리겠습니다.

안녕히 계세요.

글래드 스턴 올림

며칠 후 도우미 아주머니가 편지 한 통을 가져와 글래드 스턴에게 주었다. 아버지가 보낸 편지였다. 그는 단숨에 편지를 읽어 내려갔다.

사랑하는 아들아, 네 편지 잘 읽어보았다.

집을 떠나 학교생활에 전념하는 네 모습을 생각하면 마음이 아주 흐뭇하단다. 그런데 네 편지를 읽고 많은 생각 끝에 편지를 보내니 잘 새겨 행하기를 바란다. 그토록 수학이 싫다고 했는데 힘겨운 공부일수록 더 열심히 해야 한다고 생각한다. 힘들다고 안 한다면 훗날 네가 하고 싶은 일을 하다 힘들면 중도에서 포기할 확

률이 높단다. 힘들수록 더 열심히 해야 그 힘듦을 이겨내고 네가 바라는 삶을 살아갈 수 있단다. 아버지가 보기에 너는 끝까지 해 보겠다는 끈기와 용기가 부족하다는 생각이 드는구나. 용기와 끈기는 힘든 일도 끝까지 해내게 하는 힘이란다. 그러니 용기와 끈기를 길러라. 그래서 수학에 자신감이 생길 때까지 참고 해 보거라. 그러면 충분히 잘 해내리라는 게 너에 대한 아버지의 믿음이란다. 아들아, 이 일은 네 인생에 아주 중요한 일이니 절대 움츠러들지 말거라. 그러면 반드시 기쁜 일이 너를 기다리고 있을 것이다. 너의 현명한 결단을 믿으마.

글래드 스턴은 아버지의 편지를 읽고 많은 반성을 하였다. 아버지는 자신을 믿어주는데 자신은 그런 아버지를 실망시키는 편지를 보냈으니 참으로 부끄러웠던 것이다.

'그래, 오늘부터 열심히 해보는 거야. 그러면 잘 하게 될지도 몰라.'

글래드 스턴은 이렇게 결심을 하곤 그날부터 열심히 수학공부에 매진하였다. 중도에서 포기하고 싶을 때도 많았지만 그는 그럴 때마다 아버지의 말씀을 떠올렸다. 시간이 흐르고 그에게 놀라운 일이 일어났다. 수학시험에서 높은 점수를 받았던 것이다.

그 일이 있고 글래드 스턴은 하면 된다는 믿음을 스스로에게 간직하게 되었다. 훗날 그는 학창시절 가장 잘한 과목은 수학이라고 할 만큼 수학은 누구에게도 뒤지지 않았으며 수학천재라는 말까지 들을 정도였다.

학교를 마치고 정치에 발을 들여 놓은 후 그는 어려운 일이 있을 때마다 아버지의 말을 떠올리며 용기와 끈기를 갖고 돌파하였다. 그 결과 그는 영국의 총리를 4번이나 할 정도로 국민들의 존경과 신뢰를 한몸에 받았다. 그는 영국 정치사에 일대를 풍미한 풍운아였다.

"아들아, 이 일은 네 인생에 아주 중요한 일이니 절대 움츠러들지 말거라. 그러면 반드시 기쁜 일이 너를 기다리고 있을 것이다. 너의 현명한 결단을 믿으마."

이는 아들 글래드 스턴의 마음에 '용기와 끈기'를 심어준 그의 아버지의 말이다. 그는 아버지의 이 말을 평생 마음에 새겨 힘들고 어려운 일에 놓였을 때 벗어날 수 있었다.

만일 글래드 스턴의 아버지가 그가 수학공부를 포기할 테니 허락해달라는 편지를 보냈을 때 "못난 녀석, 이런 문제로 편지나 하고. 네가 내 아들이란 게 부끄럽구나."라고 답했더라면 어떻게 되었을까. 어쩌면 그의 인생은 평범하게 끝났을지도 모른다. 그러나 그의 아버지는 현명하게도 아들의 자존심을 살려주며 믿음을 보여줌으로써 그를 최고의 인생이 되게 했던 것이다.

그렇다. 용기를 주고 힘을 주는 말은 한 사람의 인생을 놀랍도록 바꾸어 놓는다. 따라서 희망을 주는 말, 꿈을 주는 말, 용기를 주는 말, 믿음과 신뢰를 주는 말은 '말의 다이아몬드'라고 할 수 있다.

:
:
:

힘들고 어려운 일에 처한 사람을 그 상황에서 벗어나게 할 수 있는 것은 그에게 진심을 담아 용기와 희망을 주는 말이다. 그 말은 그에게는 달콤한 캔디와 같고 한 번 해보겠다는 의지를 갖게 한다. 이것이 말이 지닌 힘이다. 한마디의 말은 역사를 바꿀 만큼 힘이 세다. 멋지게 말하고 멋지게 실행하라.

찰스 디킨스를 영국 최고의 작가로 만든 말

지금 당신은 무명작가이지만 책을 내주는 것은 당신에게서 비범함을 보았기 때문입니다.
그 비범함을 잘 살린다면 당신은 앞으로 좋은 작품을 쓸 거라고 믿습니다.
그리고 한 가지 당부하고 싶은 것은 당신의 작품에 대해 자신감을 가지세요.
그러면 놀라운 능력을 발휘하게 될 것입니다.
- 찰스 디킨스의 능력을 알아본 편집장

《크리스마스 캐럴》,《올리버 트위스트》로 유명한 영국의 대표
적인 작가 찰스 디킨스. 그는 영국 남안의 포츠머스에서 태어났
다. 그의 아버지는 해군 경리 국에서 하급 관리로 근무하였다. 그
의 아버지는 마음씨가 좋은 사람이었으나, 돈에 관한한 욕심이 없
어 디킨스는 어린 시절부터 빈곤에 시달려야 했다.

디킨스는 친구들이 학교에서 공부를 하는 동안 공장에서 일을
하였다. 힘든 노동은 어린 디킨스에겐 너무 벅찼다. 하지만 그는
가난한 집안을 위해 이를 악물고 일을 했다. 그런 가운데에서도
그의 가슴엔 공부에 대한 일념으로 가득 차 있었다. 디킨스는 하
루하루가 견디기 힘들 만큼 고통스러웠으나, 자신의 꿈을 위해 틈

틈이 글을 썼다. 그는 한 번도 글쓰기를 배운 적이 없었던 관계로, 자신이 쓰는 글이 잘 쓴 글인지 잘 못 쓴 글인지조차 알 수 없었다. 하지만 그는 눈꺼풀에 무겁게 매달리는 잠을 좇아내며 날마다 글쓰기에 전념하였다. 글쓰기는 그에게 위안이며 꿈이었다.

"디킨스, 글 쓰는 게 그렇게도 좋으니?"

"네, 어머니. 저는 글 쓰는 것이 너무도 좋아요."

"그래? 낮에 일하느라 피곤할 텐데 그처럼 열심히 글을 쓰는 너를 보면 대견하면서도 마음이 아프구나."

"어머니, 전 괜찮아요. 마음 아파하지 마세요. 꼭 소설가로 성공하겠어요."

"그래, 우리 디킨스는 반드시 훌륭한 소설가가 될 거야."

"네, 어머니. 어서 주무세요. 저는 조금만 더 쓰다 잘게요."

"그래, 너무 무리하지 말고."

"네, 어머니."

어느 날 밤늦도록 글을 쓰는데 디킨스의 어머니가 낮엔 일하느라 피곤할 텐데도 밤늦도록 글을 쓰는 그가 안쓰러워 말하자 그는 마음 아파하지 말라며 어머니에게 말했다. 디킨스는 어린 나이에도 속이 꽉 찬 아들이었다.

디킨스는 자신이 쓴 원고를 탈고할 때마다 정성껏 출판사에 보냈지만, 그 어떤 곳으로부터도 원고가 채택되었다는 말을 들을 수가 없었다. 이름이 전혀 알려지지 않은 무명작가의 원고를 흔쾌히 받아줄 출판사는 그 어디에도 없었던 것이다. 무명작가의 원고에 돈을 들이고 싶지 않는 것은 예나 지금이나 출판사의 생리이다. 그러나 디킨스는 실망하지 않고 계속해서 원고를 보냈다.

그러던 어느 날 한 출판사로부터 연락을 받았다. 드디어 그의 원고가 채택된 것이다.

"당신의 원고가 채택되었습니다. 그러나 원고료는 지불할 수가 없습니다. 하지만 책은 내 주겠습니다. 지금 당신은 무명작가이지 만 책을 내주는 것은 당신에게서 비범함을 보았기 때문입니다. 그 비범함을 잘 살린다면 당신은 앞으로 좋은 작품을 쓸 거라고 믿습 니다. 그리고 한 가지 당부하고 싶은 것은 당신의 작품에 대해 자 신감을 가지세요. 그러면 놀라운 능력을 발휘하게 될 것입니다."

편집장의 말을 듣는 순간 디킨스는 꿈을 꾸고 있는 듯 어쩔 줄 을 몰라 했다.

그는 출판사를 나와 길을 걸으며 기쁨에 들떠 중얼거렸다.

"내가 책을 내게 됐다고! 아, 내게 이런 행운이 오다니. 이, 이게 정녕, 꿈은 아니겠지……."

집으로 향하는 그의 발걸음은 날개가 달린 것처럼 가벼웠다. 그 후 디킨스는 편집장의 말을 생각하며 열정적으로 작품을 썼다.

1836년 그의 첫 번째 책《보즈의 스케치》가 출간되었다. 그리고 이듬해에 장편《피크위크 페이퍼스》가 나오고, 이어 나온《올리버 트위스트》가 폭발적인 인기를 끌며 작가로서 그의 위치가 확고해졌다. 그 후《니콜라스 니클비》,《골동품 상점》,《크리스마스 캐럴》,《바나비러지》,《돔비와 아들》등 장편소설, 중편소설을 발표하며 그의 이름은 더욱 알려지게 되었다.

1850년에 완결한 자서전적인 작품《데이비드 코퍼필드》를 쓰면서 작품 성향이 바뀌는데, 그의 작품에 많은 인물들이 등장한다. 이는 사회 각계각층의 실태를 엿볼 수 있게 한다는 것에 의미가 있었다.

디킨스의 샘물처럼 솟아나는 창작의 열정은 그를 더욱 무게 있는 영국의 중심 작가가 되게 했다. 공장직공의 파업을 다룬《고된 시기》와 프랑스혁명을 무대로 한 역사소설《두 도시 이야기》, 그리고 자전적인 작품《위대한 유산》은 그의 작가로서의 위치를 더욱 굳건히 해주었다.

디킨스는 이들 작품 외에도 수많은 단편과 수필을 썼다. 그는 작품을 쓰는 외에도 잡지사를 경영했고, 자선사업에 참여했으며, 소인연극의 상연, 자작품의 공개낭독회를 열었고, 각 지방을 여행하는 등 정렬적인 활동을 하며 인생을 보람 있게 살았다.

그는 영국과도 바꾸지 않는다는 셰익스피어와 대등할 만큼 인지도가 있는 세계적인 작가가 되었다.

"지금 당신은 무명작가이지만 책을 내주는 것은 당신에게서 비범함을 보았기 때문입니다. 그 비범함을 잘 살린다면 당신은 앞으로 좋은 작품을 쓸 거라고 믿습니다. 그리고 한 가지 당부하고 싶은 것은 당신의 작품에 대해 자신감을 가지세요. 그러면 놀라운 능력을 발휘하게 될 것입니다."

이는 디킨스가 작가로서 성공할 수 있도록 힘을 준 출판사 편집장의 말이다. 초등학교 4학년이 학력의 전부인 그가 셰익스피어에 버금가는 작가가 될 수 있었던 것은 그의 능력을 알아보고 꿈과 용기를 준 고마운 사람, 편집장이 있었기 때문이다.

격려와 용기를 주는 말은 자신에게도 상대에게도 긍정적으로 작용한다. 따라서 한마디 말을 하더라도 진정성을 갖고 해야 한다. 진정성 있는 말은 세상에서 가장 '아름답고 진실한 말'이기 때문이다.

Long Hard Think

•
•
•

한 마디의 말에 절망에 빠진 사람이 절망을 딛고 희망적인 인생으로 살아간다. 또한 한 마디의 말에 희망적인 사람이 절망에 빠져 신음하게 된다. 같은 말도 어떻게 하느냐에 따라 그 결과는 놀랍도록 다른 양상을 보인다. 자신이 잘 되고 싶다면 살아 있는 말을 하라. 살아 있는 말은 창의적이고 생산적이어서 '무에서 유를 창조한다'는 것을 잊지 마라.

앤드류 카네기의 마음을 움직인
작은 말 한마디

아, 그러세요.
그럼 의자에 앉아서 편하게 기다리세요.
- 가구점 여직원

그냥 오는 성공은 없다. 거기에는 분명히 성공의 원인이 있다. 이러한 성공의 원인은 계획적으로 꾸민다고 해서 이뤄지는 것은 아니다. 대개는 필연적인 경우가 많다. 여기서 필연적이라고 함은 그 사람의 평소의 말과 행동을 뜻한다. 그러니까 그 사람의 몸에 밴 자연스러운 습관이 그 사람을 성공하게 만든다는 것이다.

작은 친절을 베풂으로써 성공한 아름다운 이야기이다.

어느 비오는 날 나이 지긋한 할머니가 피츠버그 백화점 이곳저곳을 다니며 구경하고 있었다. 하지만 그 어느 누구도 할머니를 거들떠보지 않았다. 할머니의 거동으로 보아 물건을 구입할 고객이 아니라고 판단한 것이다. 그러던 중 할머니는 어떤 가구점 앞에 멈춰 섰다. 그러고는 연신 기웃거리며 무언가를 찾는 듯했다. 그런 할머니를 보고 한 여직원이 밖으로 나가 웃으며 상냥하게 말했다.

"찾으시는 물건이 있으시면 말씀해주시겠어요? 제가 안내해 드리겠습니다."

"나는 가구를 사러 온 게 아니라 차를 기다리고 있는 중이라오."

"아, 그러세요. 그럼 의자에 앉아서 편하게 기다리세요."

여직원은 주저하는 할머니를 가구점 안으로 들어오게 하고는 의자를 내어주며 친절하게 말했다.

"고마워요. 그러지 않아도 다리가 아팠었는데."

할머니는 미소를 지으며 자리에 앉았다. 밖에는 여전히 비가 내리고 있었다. 여직원은 일을 보다가도 할머니와 눈이 마주치면 방긋 미소 지었다. 할머니 또한 인자한 미소를 지었다. 여직원은 일을 보다가 할머니에게 다가와 말했다.

"저, 차를 기다리신다고 하셨는데 차 번호가 어떻게 되나요. 제가 확인해 드릴게요."

여직원 말에 할머니는 괜찮다고 했지만, 여직원은 차 번호를 알아내고는 수시로 차가 도착했는지 밖으로 나가보았다. 그런 여직원을 보고 다른 직원들은 공연히 쓸데없는 데 시간을 낭비한다며 소곤거렸다. 하지만 여직원은 개의치 않았다.

그러기를 얼마 후 차가 도착하자 여직원은 할머니의 팔을 꼭 붙잡고 밖으로 나갔다. 그러고는 할머니가 차를 타자 웃으며 말했다.

"할머니, 안녕히 가세요."

그러자 할머니가 말했다.

"이렇게 고마울 데가. 저, 명함 좀 주구려."

할머니의 말에 여직원은 명함을 건네주었다.

그리고 몇 달 후 백화점 사장은 어느 고객으로부터 편지를 받았다. 새집에 들일 가구를 조언 받기를 원하니, 그 여직원을 보내달라고 했다. 그래서 사장은 그 여직원은 인테리어 부서에서 일하지 않으니 인테리어 부서 직원을 보내도 괜찮겠느냐는 편지를 보냈다.

며칠 후 답장이 왔다. 다른 직원은 말고 반드시 그 여직원을 보내달라고 했다. 새 집은 스코틀랜드에 있다고 했으며, 편지 말미에 앤드류 카네기의 사인이 있었다.

'앤드류 카네기라면, 혹시 그 앤드류 카네기? 이, 이럴 수가, 그 유명한 앤드류 카네기가 우리 가구점에 주문을 하다니……'

사인을 보고 깜짝 놀란 사장은 이렇게 중얼거리며 만면 가득 미소를 띠었다. 사장은 여직원을 불러서 말했다.

"저 지금 당장 스코틀랜드에 출장 좀 다녀오세요."

"스코틀랜드에요?"

느닷없이 스코틀랜드에 출장을 다녀오라는 사장의 말을 듣고 여직원이 놀란 얼굴로 물었다.

"네, 아주 좋은 일이에요. 그러니까 다녀오세요. 고객 분이 반드시 당신을 보내달라고 하더군요."

사장은 미소를 지며 말했다.

"네, 알겠습니다. 사장님."

여직원은 아무리 생각해도 자신을 보내달라는 고객을 알 수가 없었다. 그녀는 몹시 궁금했지만, 즐거운 마음으로 스코틀랜드로 향했다. 스코틀랜드에 도착한 여직원은 주소에 적힌 집을 찾아갔다. 그곳엔 어마어마한 대저택이 그녀를 기다리고 있었다. 그러자 자신을 보내달라고 한 고객이 누군지 더욱 궁금해졌다.

그런데 여직원은 그곳에서 뜻밖의 얘기를 들었다. 자신을 초대한 사람은 미국 제일의 부자인 앤드류 카네기라는 것과 비 오는 날 가구점에서 만난 할머니가 바로 앤드류 카네기 어머니라는 사실이었다.

'오, 세상에. 그렇게 유명한 분의 어머니였다니.'

여직원은 너무도 놀라 가슴이 떨릴 정도였다. 그녀는 수십만 달러어치의 가구를 주문받고, 앞으로 철강회사에서 필요한 가구는 모두 여직원에게 구입하겠다는 말을 듣고는 크게 감격하였다.

여직원은 백화점 매출신장에 큰 공을 세워 백화점 사장과 동등한 위치가 되었으며, 그 후 백화점 사장이 되었다.

이 이야기는 많은 생각을 하게 한다. 그날 백화점에는 많은 백화점 직원들이 있었다. 하지만 어느 누구도 할머니를 거들떠보는 직원이 없었다. 물건을 살만한 고객이 아니라는 이유에서다. 하지만 여직원은 물건을 사고 안 사고에 관계없이 할머니를 따뜻하게 맞아주었다. 그러한 그녀의 행동은 평소에 몸에 밴 습관에 의한 것이었다.

그런데 놀랍게도 그 작은 친절이 그녀에게 뜻밖의 성공을 안겨준 요인이 될 줄은 꿈에도 생각지 못한 일이었다. 특히, 그녀가 했던 말은 말의 힘이 얼마나 큰지를 잘 알게 한다.

"아, 그러세요. 그럼 의자에 앉아서 편하게 기다리세요."

그녀가 했던 이 한마디 말은 할머니의 마음을 따뜻하게 하는 데 충분했다. 할머니 입장에서는 많은 백화점 직원이 있었음에도 그 어느 누구에게서도 따뜻한 한 마디의 말을 들어보지 못했기에 그처럼 따뜻한 말을 들었으니 어떻게 감동하지 않을 수 있을까.

어머니로부터 얘기를 전해 들은 앤드류 카네기 역시 크게 감동하였던 것이다. 그리고 그 감동의 대가를 기꺼이 그녀에게 지불했던 것이다.

사람의 마음을 움직이는 말은 크고 멋지고 화려한 말이 아니다. 지극히 단순하고 소박한 말이다. 여직원이 할머니에게 했던 말은 아주 평범하고 소박한 말이지만, 그런 말 한마디도 제대로 하지 못하는 사람들이 많다. 그런 사람들 숲에서 여직원이 했기 때문에 그녀의 한마디 말은 천만 불보다도 더 가치가 있는 말이 될 수 있었다.

이처럼 큰 성공은 뜻밖에 온다. 하지만 그것은 아무에게나 오지 않는다. 성공을 받아들일 준비가 되어 있는 자에게만 주어지는 행운과도 같다.

이처럼 행복한 인생의 열매를 거두고 싶다면, 늘 한마디의 말도 친절하게 말하고 행동하라. 그리고 그것을 습관화한다면 전혀 생각지도 못한 일로 행복한 순간을 누리게 될 것이다.

Long Hard Think

사람의 마음을 움직이는 말은 크고 거창한 말이 아니다. 작고 소박하지만 진심이 담긴 따뜻한 말 한마디이다. 사람을 감동시키는 말 한마디는 천만 불보다도 가치가 있는 '언어의 보석'이다.

호텔의 총지배인 조지 C. 볼트

저 손님, 제가 쓰는 방이 있는데 좀 누추합니다.
괜찮으시다면 방을 내어 드리겠습니다.
- 조지 C. 볼트

필라델피아의 한 산골마을은 경치가 뛰어나 여기저기서 사람들이 찾아왔다. 그러던 어느 날 비 오는 새벽이었다. 그곳에 있는 작은 호텔에 노부부가 현관문을 열고 들어왔다.

"방 좀 주시오?"

노신사가 호텔 직원에게 말했다. 그런데 그날따라 빈 방이 하나도 없었다.

"죄송합니다만, 빈 방이 하나도 없습니다."

호텔 직원은 이렇게 말하며 방이 없는 것이 마치 자신의 잘못인 양 난처해했다.

"그래요."

노신사는 힘없이 말하며 아내와 같이 현관문 쪽으로 향했다. 막 문을 나서려는데 직원이 말했다.

"저 손님, 제가 쓰는 방이 있는데 좀 누추합니다. 괜찮으시다면 방을 내어 드리겠습니다."

직원의 말에 노신사가 반색하며 말했다.

"오, 그래요. 그렇게 해준다면 나로서는 더없이 감사한 일이지요."

"그럼, 저를 따라오십시오."

직원은 노부부를 모시고 자신의 방으로 갔다. 그는 노부부가 지켜보는 가운데 깨끗하게 청소를 한 뒤 잠자리를 봐주었다. 그 모습을 노부부는 흐뭇하게 바라보았다. 잠자리를 마친 직원이 빙그레 웃으며 말했다.

"손님, 그럼 편히 쉬십시오."

"고맙소."

노신사의 말에 직원은 미소로 화답했다.

다음 날 아침, 노신사는 기분 좋은 얼굴로 직원에게 다가왔다.

"불편하지는 않으셨습니까?"

직원은 엷은 미소를 지며 물었다.

"아니오. 덕분에 아주 잘 잤소. 당신은 미국에서 제일가는 호텔 매니저로 일할 사람이오. 내가 그런 호텔을 지어 주겠소."

노신사의 말에 직원은 무슨 의미인지도 모른 채 미소 지었다.

그냥 인사치레로 하는 말이라고 생각할 뿐이었다. 노신사는 이 말을 남기고 호텔을 떠났다. 직원은 노신사의 말을 까맣게 잊고 지냈다.

그로부터 2년 후, 그는 어느 호텔의 준공식 초대장을 받고 뉴욕에 가게 되었다.

'누구지? 나를 초청한 사람이.'

직원은 뉴욕에 가면서도 자신을 초청한 사람이 누구인지 감이 잡히지 않았다. 그가 뉴욕에 도착했을 때 한 노신사가 그를 마중 나와 있었다.

"어서 오시오."

"아, 안녕하세요. 어르신."

직원은 2년 전 자신의 방에 머물렀던 노신사를 알아보고는 정중하게 인사를 건넸다. 노신사는 그를 새로 지은 멋진 건물로 안내하며 말했다.

"이 건물이 바로 내가 2년 전, 당신에게 약속했던 호텔이오. 오늘부터 당신이 이 호텔 총지배인이라오."

"네에! 제, 제가요?"

노신사의 뜻밖의 말에 직원은 떨리는 목소리로 말했다. 자신이 봐왔던 어떤 호텔보다도 크고 아름다웠기 때문이다. 그런데 그런 특급 호텔에 자신이 총지배인이라니 믿기지 않은 것은 당연했다.

많은 귀빈들이 자리를 꽉 채운 가운데 호텔 오픈식이 거행되었다. 직원은 꿈만 같았다. 이렇게 멋진 호텔 오픈식에 초청받고 총지배인자리까지 선물 받았으니 그로서는 당연한 일이었다. 오픈식 중에 노신사는 직원을 소개했다.

"여기 있는 이 젊은이가 이 호텔의 총지배인입니다. 나는 이 젊은이에게 호텔 경영을 맡깁니다. 이 젊은이에게 축하의 박수를 보내주십시오."

노신사의 말에 우레와 같은 박수가 울려 퍼지자 직원은 크게 감동하여 눈물을 흘렸다.

필라델피아 작은 호텔 직원이었던 젊은이는 그날 이후 미국에서 가장 크고 멋진 호텔의 총지배인이 되었다. 그 호텔이 바로 월도프 아스토리아 호텔이다.

"저 손님, 제가 쓰는 방이 있는데 좀 누추합니다. 괜찮으시다면 방을 내어 드리겠습니다."

젊은이가 했던 이 말 한마디는 노신사를 크게 감동시켰던 것이다. 생각해보라. 비 오는 새벽, 잠자리가 없었다면 어떻게 했을지를. 아마도 '이 새벽에 대체 어디서 잔단 말인가' 노부부의 심정은 캄캄했을 것이다. 그런데 젊은이가 고맙게도 자신의 방을 선뜻 내어주었으니, 그것도 깨끗이 청소를 하고 정성을 다해서 말이다. 그런 상황이라면 어느 누구라도 감동했을 것이다.

젊은이가 보인 행동과 친절한 말 한 마디는 그에게 생각지도 못한 큰 성공을 가져다주었다.

세계에서 가장 멋진 호텔을 지은 윌리엄 월도프 아스토리아. 그리고 젊은 총지배인 조지 C. 볼트는 따뜻한 인간관계란 바로 이런 것이다, 라는 정형과도 같은 관계다.

한마디의 말의 힘이 실로 한 인생을 얼마나 가치 있게 만드는지를 분명하게 보여준 이 이야기처럼, 말 한마디도 진정성 있게 말하고 친절하게 행동해야겠다.

Long Hard Think

.
.
.

도움을 필요로 하는 사람에게 베푸는 친절한 한 마디의 말은 '언어의 보약'이다. 이처럼 따뜻한 말은 상대방의 마음을 녹이고, 자신의 존재를 확실하게 각인 시키는 힘이 있다. 언어의 보약인 한 마디의 말, 그 말은 자신의 인생을 '빛'이 되게 한다.

101세에 22번째 개인 전시회를 연 해리 리버만의 놀라운 인생 이야기

못한다고 생각하지 말고 한번 해 보세요. 어르신의 숨은 재능이 나타날 수도 있잖아요.
제가 그동안 자원봉사하면서 한 번도 해보지 않은 일을 통해 행복한 여생을
보내시는 분들을 봤거든요. 혹시 아나요? 뜻밖의 좋은 일이 있을지 말이에요.
- 어느 자원봉사

    은퇴를 하고 지내던 중 젊은 자원봉사원의 말 한마디에 용기를 얻어 노년을 활짝 꽃피운 아름다운 이야기이다.

    이야기의 주인공은 폴란드에서 태어나 스물아홉 되던 해 가방 하나와 6달러의 돈을 들고 미국 뉴욕의 맨해튼으로 왔다. 그는 영어 또한 제대로 할 수 없었다. 그저 간단한 의사 표현이 고작이었다. 그런 그가 세계 최강의 나라 최고의 도시 뉴욕에 왔다는 것은 모험과도 같은 일이었다.

    그는 가난한 사람들이 모여 사는 할렘 가에 방을 얻었다. 그리고 그는 이리저리 발품을 판 끝에 간신히 직장을 구했는데, 현금 출납을 하는 출납원이었다.

그는 낯선 나라에서 얻은 직장을 놓치지 않으려고, 하루하루를 열심히 일했다. 열심히 일하는 모습에 주변 사람들은 친절하게 그를 대해주었고, 그는 감사한 마음으로 사람들에게 최선을 다했다.

그렇게 모은 400달러로 과자 도매점을 차렸다. 친절하고 성실한 탓에 장사는 잘 되었다. 세월이 흐르고 그는 많은 돈을 벌어 부자가 되었다.

그는 일흔네 살에 은퇴를 하고 하루하루를 안락하게 보내며 가끔씩 노인 회관에 나가 바둑을 두며 사람들과 어울렸다.

그렇게 세월을 보낸 지 6년 째 되던 해 어느 날 바둑을 두기로 한 친구를 기다리는데, 자원봉사자가 그와 바둑을 두기로 한 분이 병이 나서 회관에 올 수 없다고 말해주었다. 그러고는 이렇게 말했다.

"어르신, 이참에 그림을 그려보시는 게 어때요?"

"그림? 한 번도 그려 본 적이 없는데 어떻게 그려."

자원봉사자 말에 그는 이렇게 말하며 고개를 흔들었다.

"어르신이 그렇게 말씀하시는 것은, 그림을 안 그려 보셔서 그래요. 못한다고 생각하시지 말고 한번 해 보세요. 혹시 어르신의 숨은 재능이 나타날 수도 있으니까요. 제가 그동안 자원봉사를 하면서 한 번도 해보지 않은 일을 통해 행복한 여생을 보내시는 분들을 봤거든요. 그러니 한번 해 보세요. 제가 보기엔 잘 하실 것

같아요. 혹시 알아요. 뜻밖의 좋은 일이 있을지도 모르니까요."

자원봉사자의 말은 그의 가슴에 파고들며 움츠러져 있던 그의 생각을 흔들어대기 시작했다. 그러자 그는 '그럼 한번 해 볼까. 해 봐서 잘 안 되면 그만두면 되지 뭐'라고 생각하며 자원봉사자에게 그림을 한 번 그려 보겠다고 말했다.

그 날 이후 그는 매일 미술실에 가서 그림을 그렸다. 처음 그리는 그림은 손에 익지 않아 힘들었지만, 이상하게도 그리면 그릴수록 점점 빠져 들었다. 그가 집중해서 그림을 그리자 놀랍게도 보는 사람들마다 칭찬이 자자했다.

"참 멋진 그림이네요."

"이 그림을 어르신이 그리신 게 맞습니까?"

"젊은 시절 그림을 많이 그려 보셨나 보네요."

보는 사람들마다 칭찬을 하자 그는 더욱 열심히 그림을 그렸다. 그가 받은 미술수업은 고작 10주 정도였지만, 그의 그림은 널리 널리 소문이 퍼져 나갔다. 미술품 콜렉터들은 그의 그림을 보는 족족 사들였다.

여든한 살부터 그림을 그리기 시작한 그는 101세에 22번째 개인 전시회를 성황리에 치렀다. 미술 평론가들은 그를 '원시적인 눈을 가진 미국의 샤갈'이라며 극찬을 아끼지 않았다.

그의 이름은 해리 리버만이다.

"못한다고 생각하시지 말고 한번 해 보세요. 혹시 어르신의 숨은 재능이 나타날 수도 있으니까요. 제가 그동안 자원봉사를 하면서 한 번도 해보지 않은 일을 통해 행복한 여생을 보내시는 분들을 봤거든요. 그러니 한번 해 보세요. 제가 보기엔 잘 하실 것 같아요. 혹시 알아요. 뜻밖의 좋은 일이 있을지도 모르니까요."

이는 자원봉사자가 한 말로 해리 리버만은 이 말에 용기를 얻어 그림을 그리기 시작했고, 여든한 해를 살아오는 동안 숨겨져 있던 재능을 발견했다. 즐겁게 그림을 그리고, 자신의 역량을 맘껏 발산함으로써 많은 사람들에게 감동을 주었다.

우리 사회에서도 가끔씩 놀라운 일을 벌임으로써 많은 사람들에게 감동을 주는 이들이 있다. 그런데 놀랍게도 그들의 공통점은 지금까지 한 번도 제대로 한 적이 없다는 것이다.

이는 무엇을 말하는가. 안 해봐서 모를 뿐 해보면 놀라운 결과를 낳을 수도 있음을 뜻한다.

그렇다. 누군가가 용기를 주면 망설이지 말고 해보라. 그리고 누군가에게 용기를 주는 것은 상대에게도 자신에게도 생산적인 에너지를 준다는 것을 기억하라.

한 번도 해보지 않은 일에 용기를 주는 것처럼 은혜로운 일은 없다. 자신의 격려로 누군가가 새로운 인생을 경험할 수 있다면 얼마나 행복한 일인가. 누군가에게 용기를 주고 꿈을 주고 희망을 불어 넣어주는 말은 천만금보다도 더 가치가 있다는 것을 명심하고 실행하라.

WORDS THAT CHANGE YOUR LIFE

부록

나폴레온 힐

자기계발 동기부여가이자 작가이다. 평범한 기자였던 그는 세계 최고 부자인 앤드류 카네기를 취재하면서 그로부터 성공한 사람들을 취재해 책을 내보라는 뜻밖에 제안을 받고, 카네기가 일러준 대로 취재해 《생각하라 그러면 부자가 되리라(원제: Think and Grow Rich)》라는 책을 냈다. 이 책은 나폴레온 힐에게 성공을 안겨주었다. 주요 저서로 《성공하는 사람들의 13가지 행동철학》, 《결국 당신이 이길 것이다》 외 다수가 있다.

에드윈 C. 번즈

아무것도 가진 것이 없는 빈털터리였지만 에드윈 C. 번즈의 가슴속에는 원대한 꿈이 있었다. 그것도 아주 선명하고 구체적인 꿈이었다. 그 꿈은 발명왕 에디슨과 공동사업을 하는 것이었다. 그는 자신의 꿈을 실현시키기 위해 에디슨을 만났고, 그를 설득한 끝에 에디슨 회사에 취직하였다. 그 후 에디슨이 발명한 신제품인 '축음기'를 성공적으로 판매함으로써 전국 판매권을 따냈다. 그리고 에디슨과 공동사업을 벌임으로써 자신의 꿈을 성공시킨 입지전적인 인물이다.

프랭크 위클리 갠솔러스

목사인 프랭크 갠솔러스는 자신만의 철학을 실현하기 위해 학교 설립을 꿈꾸고 기도하던 중 '100만 달러가 나에게 있다면 하고 싶은 일'이란 제목으로 설교를 했다. 설교를 마친 후 감동을 받은 육류 포장회사인 '아머 앤 컴퍼니'의 창업주인 필립 아머로부터 100만 달러를 후원받음으로써 자신의 꿈인 아머실업대학을 설립하였다. 아머실업대학은 미국에서도 명문 중에 명문으로 손꼽히는 일리노이 공과대학의 전신이다.

찰스 스왑

U. S 철강회사 CEO 역임. 찰스 스왑은 앤드류 카네기의 철강회사 책임자로 일했다. 그는 카네기로부터 연봉으로 100만 달러를 받았다. 그가 카네기로부터 그처럼 거금의 연봉을 받은 이유는 그만한 대우를 받을 만한 가치가 있는 사람이었기 때문이다. 찰스 스왑은 철강에 관한 지식이 경영자인 카네기보다는 몇 수 위였다. 또한 그는 직원들을 능숙하게 다루는 리더십을 지니고 있었다. 찰스 스왑의 탁월한 리더십으로 회사의 생산성은 날로 높아만 갔고, 그런 만큼 회사의 경영은

좋아졌다. 카네기는 바로 이 점을 높이 평가한 것이다. 찰스 스왑의 뛰어난 리더십 가운데 돋보인 것은 다름 아닌 직원들과의 원활한 소통이었다. 그는 미국 실업계에서 최초로 연봉 백만 달러를 받은 것으로 유명하다.

제임스 파레이

미국 정치 역사상 4선의 유일한 대통령인 프랭클린 루스벨트의 참모로 루스벨트가 대통령에 당선되는 데 있어 일등공신이다. 민주당 당수가 되었으며 우정장관을 지낸 정치가이다. 그는 집이 가난하여 고등학교 문턱에도 가보지 못했지만, 4개의 대학으로부터 명예학위를 받았다.

홀 케너

가난한 대장장이의 아들로 태어나 학교 공부라고는 8년이 전부이다. 그는 영국의 시인 로세티를 존경해 그에게 편지를 보낸 후 로세티로부터 런던으로 오라는 부름을 받았다. 그는 로세티의 비서가 되어 배움을 갖게 되고, 많은 작가들과 교류함으로써 문학적 약량을 쌓은 후 소설《크리스천》,《맨섬 사람》등으로 베스트셀러 작가가 되었다.

제임스 아담슨

뉴욕의 슈페리얼 시팅 회사 사장인 제임스 아담슨은 코닥 회사의 사장, 조지 이스트만이 로체스터에 이스트만 음악학교와 자신의 어머니를 기념하기 위한 극장 킬보운 홀을 건축하기로 하고 한창 건축에 심혈을 기울인다는 정보를 입수하고 아는 건축가를 통해 이스트만을 만나 그를 감동시킴으로써 의자를 납품하며 그와 평생의 친구가 되었다. 이스트만은 의자를 비롯한 모든 제품을 아담슨에게 구입하였다. 아담슨은 그로 인해 막대한 부를 쌓을 수 있었다.

사이루스 H. K. 커티스

〈세터데이 이브닝 포스트〉지와 〈레이디스 홈 저널〉지의 사장인 사이루스 H. K. 커티스. 그는 잡지사의 가난한 재정으로 인해 유명한 필자들의 원고료를 필자에게 직접 주는 것이 아니라 필자가 후원하는 단체나 관계하고 있는 복지기관 등에 필자의 이름으로 기부하여 필자들의 환심을 얻은 끝에 성공을 이루고 잡지계에 거물이 되었다.

허버트 조지 웰스

영국 출생. 공상과학소설의 창시자이며 《타임머신》, 《투명인간》, 《우주전쟁》 등 공상과학소설을 비롯해 《세계문화사대계》 역사서로 이름을 떨친 허버트 조지 웰스. 그는 가난한 시골학교 교생에서 가난과 시련을 극복하고 위대한 작가가 된 입지전적인 인물이다. 나아가 세계 평화운동에도 크게 기여하였다.

윌리엄스
펜실베이니아에 있는 철강 제조공장 속기사. 그는 성실성과 진정성으로 U.S 철강회사 사장인 찰스 스왑의 마음을 사게 됨으로써, 훗날 U.S 철강회사 계열인 제약회사의 대주주가 됨과 동시에 사장으로 임명되었다. 그가 지방 철강회사 말단 속기사에서 사장이란 직책에 오르고 막대한 부를 쌓을 수 있었던 건 성실성과 신의로 자신을 무장했기 때문이다.

정주영
강원도 통천에서 출생. 현대그룹 창업주. 가난한 시골 장남으로 태어나 부둣가 막노동으로 출발하여 쌀가게 배달부를 거쳐 쌀가게 주인으로 자동차 수리업자로 그리고 건설업을 하며 정직과 신용으로 경제적 발판을 마련하며 우리나라 최대 기업인 현대그룹 CEO가 되었다. 그는 우리나라 경제계에서 최고의 수장인 전국경제인연합회 회장을 무려 다섯 번이나 연임을 한 그야말로 우리나라 경제계의 전무후무한 전설이다. 그가 맨주먹으로 성공할 수 있었던 것은 '길이 없으면 길을 찾고, 찾아도 없으면 만들면 된다'는 불굴의 의지와 도전정신에 있다.

제14대 국회의원, 전국경제인연합회 회장(제13대~17대), 제27대 대한체육회장 역임. 국민훈장 동백장 수훈(1981), 국민훈장 무궁화장 수훈(1988), 제5회 만해상 평화상(2001), DMZ 평화상 대상을 수상(2008)하였다.

하워드 슐츠

미국 뉴욕 출생. 세계 제일의 커피 전문 회사 〈스타벅스〉의 CEO. 그는 감성을 접목시킨 마케팅으로 기존 커피 전문점과는 전혀 다른 스타벅스만의 강점을 부각시킴으로써 전 세계에 17,000여 개가 넘는 스타벅스 체인점을 가지고 있는 최고의 커피 재벌이다. 그의 삶은 한마디로 숙명의 드라마라고 할 수 있다. 그의 성공 비결은 철저한 연구와 고객만족을 위한 경영과 직원을 내 가족처럼 여긴 경영시스템에 있다. 미국 연방정부보조주택지역인 브루클린 카니지 빈민촌 출신인 그는 한 사람의 인생이 자신이 원하는 것을 찾아 어떻게 하면 지금과는 전혀 다른 인생으로 살 수 있는지를 확실하게 보여준 탁월한 마케터이다. 지서로는《온 워드ONWARD》외 다수가 있다.

골든 롤 매거진 편집장

〈골든 롤 매거진〉의 편집장은 어느 날 아이오와 주 대븐포트에 있는 파머대학으로부터 강연을 해 달라는 초청을 받았다. 그는 100달러의 강연료와 여행경비를 받고 초청에 응했다. 편집장은 강연을 마치고 강연료를 받지 않았다. 이유는 그곳에 머무는 동안 운 좋게도 잡지에 필요한 몇 가지 기삿거리를 얻었다는 생각에서다. 편집장의 무보수 강연은 훗날 잡지사가 크게 발전하는 데 밑거름이 되었다. 편집장은 자신의 생각을 실천에 옮김으로써 성공노트를 쓸 수 있었다.

캐롤 다운즈

말단 은행직원인 캐롤 다운즈는 은행 마감 후 은행으로 볼일을 보러 온 제너럴 모터스의 창업자인 윌리엄 듀런트에게 친절하게 대함으로써 깊은 인상을 심어주었다. 그로 인해 듀런트로부터 제너럴 모터스 입사 제의를 받고 기계설비 감독관으로 임명되었다. 그 후 승승장구 하며 성공적인 인생이 되었다.

에드워드 초우트

생명보험 세일즈맨으로 보험세일즈맨들의 희망인 '100만 달러 원탁 테이블'의 종신회원이다. 종신회원은 3년 연속 100만 달러 실적을 올려야만 될 수 있는 보험세일즈맨에게는 매우 영광스러운 일이다. 그는 두각을 나타내지 못했지만 어려움에 처한 사람들을 도와줌으로써 사람들에게 좋은 이미지를 심어주었고, 그가 성공하는 데 원동력이 되었다.

게일 디버스

미국의 육상선수로 1992년, 1996년 올림픽 100미터 금메달리스트이다. 그녀는 1992년 스페인 바로셀로나 올림픽을 앞두고 매우 심한 갑상선 병을 앓고 있었다. 의사도 포기하라고 진단을 내리고 코치 또한 포기를 권유했지만, 불굴의 의지로 연습을 거듭한 끝에 금메달을 목에 걸었다. 그리고 1996년 미국 애틀랜타 올림픽에서도 금메달을 목에 걸었다. 그녀는 세계육상대회 100미터와 100미터 허들 경기에서도 우승을 하는 등 인간승리의 의지를 보여준 올림픽의 산증인이다.

아마데오 피터 지아니니

이탈리아계 이민 2세로 1904년 샌프란시스코에 뱅크 오브 이탈리아를 설립하였다. 그는 은행의 지점제도를 처음 도입하였으며 농부와 소규모 사업자들에게 지불 기일을 정하지 않는 자유기한의 대출을 해주었다. 또한 소액 예금자나 대출자의 편의를 제공함으로써 사람들로부터 신뢰를 얻었다. 그 후 은행은 나날이 발전을 거듭한 끝에 1958년 최초의 은행 신용카드인 뱅카메리카드를 출시했다. 그 후 뱅크 오브 아메리카로 이름을 바꾸었으며 오늘날 세계적인 은행으로 성장하였다.

찰스 슐츠

〈피너츠〉 시리즈로 유명한 만화가이다. 그는 미국 미니애폴리스에서 태어나 고등학교를 마치고 본격적으로 만화를 그렸다. 그는 월트디즈니 사무실에 자신이 그림을 그려서 보내고 싶은데 그래도 괜찮겠냐고 편지를 보냈다. 그러자 월트디즈니 관계자는 그림 콘셉트를 정해 보냈다. 그는 그림을 그려 보냈지만 채택되지 않자 자신의 이야기를 만화로 그리기 시작했다. 모든 게 부족했던 자신의 어린 시절을 테마로 한 만화였다. 민화주인공은 찰스 브라운이다. 만화는 사람들의 마음을 사로잡았다. 그는 스누피, 라이너스 등의 캐릭터를 만화에 등장시켜 만화로 재탄생시켰다. 그 결과 그는 일약 유명한 만화가가 되었다.

앤서니 라빈스

동기부여가이자 저술가이다. 가난했던 그는 당시 최고의 동기부여가인 짐 론의 강연을 듣고 노력한 끝에 동기부여가로 발판을 다졌다. 그리고 꾸준한 연구와 강연, 저술 활동으로 유명 동기부여가가 되었다. 1997년 국제상공회의소선정 '세계에서 가장 뛰어난 인물 10인'에 선정되었다. 저서로는 《부자가 되는 3분의 힘》, 《돈의 법칙》 등 다수가 있다.

낸시 오스틴

세계 최초로 빅 사이즈 매장을 내고 직접 옷을 제작 판매하였다. 낸시 오스틴에게는 여성으로서 감추고 싶은 것이 있었다. 그것은 그녀의 몸무게가 136Kg이 넘는다는 사실이다. 그녀는 옷을 사기 위해 옷가게에 갈 때마다 큰 곤혹을 치러야 했다. 그녀는 이에 착안해 빅 사이즈 매장을 내게 되었고, 큰 성공을 거뒀다. 아이디어의 힘이 얼마나 위대한지를 잘 보여준 여성경영인이다.

자하 하디드

이라크 출신 영국 여성건축가이자 메트로폴리탄 건축사무소 공동대표를 역임했다. 2004년 '프리츠커 건축상'을 수상했으며 세계 최고 여성건축가로 평가받는 자하 하디드는 대학에서 수학을 전공하다 뜻을 바꿔 1972년 영국의 명문 건축학교인 런던건축협회학교로 유학하였다. 런던건축협회학교를 졸업한 하디드는 기존의 틀을 벗어난 색깔 있는 자신만의 길을 열기 위해 부단히 연구에 연구를 거듭하며 '페이퍼 아키텍트'에 관심을 기울였다. 페이퍼 아키텍트는 실제 지을 건물보다는 개념적이고 실험적인 건축아이디어를 도면상으로 시도하는 건축가를 말한다. 그녀는 독일 기업 바트라가 건축설계를 맡아 유명해졌다. 그 후 오스트리아 인스부르크의 베르크이젤 스키점프대를 비롯해, 독일 라이프치히 BMW 빌딩을 건축하는 등 세계적인 명성을 쌓았다. 그 후 우리나라 동대문 운동장터에 복합문화공간인 '동대문 역사공원'을 설계하는 등 자기만의 건축세계를 창조한 여성건축가로 평가받는다.

멜빈 디마

미국 유타주의 작은 도시에서 주유소를 경영하였다. 그러던 어느 날 네바다주의 사막을 지나가다 어떤 허름한 차림새의 노인이 손을 들어 차를 세워 라스베이거스까지 데려다 달라고 하자 기꺼이 데려다 주고 차비를 하라며 25센트를 주었다. 세월이 흐른 후 천 만 달러를 상속받았는데 상속자는 억만장자 하워드 휴즈이다. 그는 오래전 네바다사막에서 라스베이거스까지 차를 태워준 노인이었던 것이다. 작은 친절이 얼마나 중요한지를 잘 보여준 인물이다.

마커스 새뮤얼

유대인으로 탱커를 발명한 발명가이자 쉘 석유회사를 창업한 CEO이다. 새뮤얼은 런던에서 고등학교를 졸업하고 빈손으로 일본으로 와서 조개껍데기를 가공하여 액세서리를 만들어 돈을 번 후 그것을 자본으로 하여 쉘 석유회사를 창업하여 억만장자가 되었다. 새뮤얼은 무에서 유를 창조한 인물로 유대인의 본성을 잘 보여준 대표적인 인물 중 한 사람이다.

조지 부슈넬

농기구 회사에 다니던 조지 부슈넬은 야간을 할 만큼 생활력이 강하고 책임감이 강하다. 야간을 마치고 늦게 집에 가는 것이 일상이 된 지

오래지만 그의 자세는 한 번도 흐트러져 본 적이 없다. 그를 눈여겨보고 있던 훗날 제이씨 페니 백화점의 CEO가 된 제임스 캐시 페니의 권유를 받고 그와 함께 일하며 백화점을 창립하였다. 백화점은 나날이 성장을 거듭해 훗날 굴지의 제이씨 페니 백화점이 되었다. 그가 성공할 수 있었던 것은 강한 책임감과 성실성 때문이었다.

이사도라 덩컨

미국출생. 자유무용의 창시자로 현대무용의 개척자로 불림. 1904년 베를린에 무용학교 설립하였다. 이사도라 덩컨은 어린 시절 음악 교사였던 어머니로부터, 음악의 기초와 발레를 배웠다. 그녀는 18세 때인 1897년 델리단원으로 영국으로 건너가 발레수업을 받았으며, 뉴욕으로 돌아와 다시 발레수업을 받았다. 이사도라 덩컨은 무용을 잘한 것 못지않게 개성과 주관이 뚜렷해서 무용복을 만들 때도 옷감 선택은 물론, 의상 제작 등에 세밀하게 신경을 썼다. 또한 그녀는 정통 무용복보다는 무용의 성격에 따라, 파격적인 무용복을 즐겨 입었다. 나아가 발레를 대중화시키는 데 크게 공헌하였다. 오늘날 발레가 발전하는 데 있어 이사도라 덩컨의 영향은 절대적이었다고 할 수 있다.

인드라 누이

펩시코의 여성 CEO이다. 인드라 누이는 인도 남부 첸나이 중산층 가정에서 태어났다. 그녀는 마드라스 크리스천대학에서 화학을 전공하고, 인도 경영대에서 경영학 석사학위를 받았다. 그녀는 자신의 꿈을 실현하기 위해 1978년 아메리칸드림을 꿈꾸며 미국 예일대에 들어가 열심히 공부한 끝에 다시 경영학 석사를 땄다. 빠른 두뇌와 강한 추진력으로 보스턴 컨설팅그룹과, 모토로라 등에서 전략기획 분야를 담당하며 능력을 인정받았다. 그녀는 펩시코의 CEO인 웨인 칼로웨이의 제의를 받아들여 펩시코의 CEO가 되었고, 감성경영과 탁월한 기획을 바탕으로 하여 미국 음료사업 역사에서 만년 2등의 펩시코가 코카콜라를 누르고 1등 차지해 센세이션을 불러일으킨 일은 음료역사상 백 년만의 일이었다. 그녀는 타고난 여성경영인으로 평가받고 있다.

더크

《가이드 포스트》의 투자자. 더크는 《가이드 포스트》가 초창기 어려움을 겪을 때 선뜻 나서서 힘을 실어주었다. 그녀는 《가이드 포스트》가 좋은 잡지라고 말하며 잡지사 임직원들에게 매사를 긍정적으로 생각하고 비전을 품으라고 말한 것으로 유명하다. 임직원들은 그녀의 말에 자극을 받아 열심을 다한 끝에 《가이드 포스트》를 최고의 잡지로 만들었다. 한 사람의 긍정적인 마인드가 얼마나 큰 힘을 발휘하는지를 잘 보여준 여성 투자자이다.

나다니엘 호손

세계 고전이 된 소설 《주홍 글씨》의 작가이다. 세관의 검사관으로 근무하다 어느 해 그는 잘 다니던 직장에서 파면을 당하고 말았다. 그해에 있었던 대통령 선거에서 호손이 지지하는 민주당이 패하는 바람에 일자리를 잃은 것이다. 직장을 잃고 방황하던 중 아내의 격려에 힘입어 소설을 쓰기 시작했다. 그리고 책으로 출판되었다. 그 소설이 바로 지금은 고전이 된 《주홍 글씨》이다. 이 소설은 언론과 평론가들로부터 크게 주목받으며 회자되었다. 호손은 하루아침에 유명작가가 되었다. 그 후 발표된 《큰 바위 얼굴》 또한 좋은 평가를 받으며 그는 일약 세계적인 작가가 되었다.

게오르크 프리드리히 헨델

독일의 음악가로 음악의 어머니로 불린다. 대표곡으로 오라토리오 〈메시아〉가 있다. 헨델은 독일에서 태어나 이탈리아에서 음악 활동을 펼치면서 명성을 얻었다. 그 후 영국으로 가서 영국을 주 무대로 활동하였다. 그가 영국에 발을 붙인 것은 오페라 〈리날도〉가 런던에서 큰 호응을 얻었기 때문이다. 그는 〈앤 여왕의 생일을 위한 송가〉를 작곡하여 앤 여왕의 총애를 한 몸에 받았다. 영국의 귀족들은 물론 지식인들에게도 진정한 음악가로 존경 받았다. 그는 1726년 영국 국민이 되었으며, 왕실 예배당의 작곡가가 되었고, 왕립 음악 아카데미의 음악 감독으로 상연되는 오페라를 대부분 작곡하였다. 그는 음악가가 누릴 수 있는 명성을 최대한 누리며 부유하게 살았던 음악사에서 가장 축복 받은 음악가였다.

앤드류 잭슨

미국의 7~8대 대통령을 지냄. 앤드류 잭슨은 열네 살 어린 나이에 군대에 들어갔다. 군에 입대한 잭슨은 나이는 어리지만 그 누구보다도 제 임무를 잘 해나갔다. 그러던 어느 날 적군에게 붙잡혀 감옥에 갇히게 되었다. 잭슨은 감옥에 갇혀서도 기개를 잃지 않았다. 그러던 어느 날 그만 천연두에 걸리고 말았다. 소식을 들은 잭슨의 어머니는 적군 감옥으로 찾아가 아들을 풀어달라고 간청하였다. 석방된 잭슨은 어머니의 당부로 최선을 다할 것을 굳게 다짐하고 간호사로 전쟁터로 떠난 어머니를 그리며 몸과 맘을 굳건히 하여 배우기에 힘썼다. 그는 정치가로서의 입지를 굳혀나간 끝에 미국 7대 대통령에 당선되었다. 그리고 8대 대통령 선거에서도 대통령에 당선하여 미국이 민주국가로 발전하는 데 크게 기여하였다. 그에게 어머니는 최고의 스승이며 롤모델이었다.

해리 리버만

화가로 미술 평론가들로부터 '원시적인 눈을 가진 미국의 샤갈'이라는 극찬을 받았다. 해리 리버만은 폴란드에서 태어나 스물아홉 되던 해 가방 하나와 6달러의 돈을 들고 미국 뉴욕의 맨해튼으로 왔다. 그는 열심히 일해 번 400달러로 과자도매점을 차려 큰 성공을 거뒀다. 일흔네 살에 은퇴하고 노인 회관에 다니던 중 자원봉사자로부터 그림 그리기를 권유받고 그림을 그린 끝에 화가가 되었다. 그는 101세에 22번째 개인전시회를 열며 한 인간으로서의 위대한 능력을 보여준 인물로 평가받고 있다.

존 그라인

존 그라인은 집이 가난하다 보니 공부를 하고 싶어도 할 수 없었다. 그는 열여덟 살 되던 해 철기제품을 판매하는 회사에 잡부로 취직하였다. 주급은 2달러였다. 그는 틈틈이 외국어를 배우고 수표와 어음을 비롯해 사무적인 일을 할 수 있도록 공부한 끝에 크게 능력을 인정받았다. 사장은 그를 회사의 핵심 부서인 해외무역 업무 책임자로 임명하였다. 그는 자신에게 맡겨지는 일마다 뛰어난 실적을 올리며 승승장구한 끝에 성공적인 인생을 썼다.

체칠리아 바르톨리

이탈리아 메조소프라노 성악가. 세계 오페라계의 프리마돈나. 그녀 나이 19세 때인 1985년, 그녀는 바리톤 레오 누치와 함께 텔레비전

쇼에서 노래를 부르게 되었다. 그로 인해 그녀는 오페라 가수로서의 충분한 가능성을 인정받게 되었다. 특히, 헤르베르트 폰 카라얀이나 다니엘 바렌보임과 같은 세계적인 지휘자들로부터 주목을 받았다. 바르톨리는 오페라 작곡가인 로시니가 작곡한 〈세비야의 이발사〉의 로시나와 〈라 체네렌톨라〉의 타이틀 롤과 모차르트의 〈피가로 결혼〉의 케루비노와 〈코시 판 투테〉의 도라벨리의 역을 맡아 열연했다. 그녀는 메조소프라노임에도 불구하고 소프라노가 맡는 역인 모차르트의 〈돈 조반니〉의 체를리나와 〈코시 판 투테〉의 데스피나도 맡아 자신의 실력을 유감없이 보여주었다. 바르톨리가 부른 노래는 크게 히트하면서 그녀를 세계적인 오페라 가수로 우뚝 서게 했다.

윌리엄 글래드스턴

영국의 정치가로 네 번이나 총리를 지냈다. 그는 빅토리아시대 대정치가인 벤저민 디즈레일리와 쌍벽을 이루며 영국 정치사에 한 획을 그었다. 그가 성공한 정치가 되는 데 있어 그의 아버지의 영향은 절대적이었다. 글래드스턴은 어린 시절 수학을 매우 싫어해, 수학이란 말만 들어도 고개를 흔들어 댈 정도였다. 그는 생각 끝에 고향에 있는 아버지에게 편지를 써서 보냈다. 하지만 그는 아버지의 단호한 질책을 받고 노력한 끝에 수학천재라는 말까지 들을 정도로 자신을 혁신시켰다. 학교를 마치고 정치에 발을 들여 놓은 후 그는 어려운 일이 있을 때마다 아버지의 말을 떠올리며 용기와 끈기를 갖고 돌파하였다. 그 결과 그는 영국의 총리를 네 번이나 할 정도로 국민들의 존경과 신뢰를 한몸에 받았다. 그는 영국 정치사에 일대를 풍미한 풍운아로 평가 받는다.

찰스 디킨스

영국의 대표적인 작가. 찰스 디킨스는 영국 남안의 포츠머스에서 태어났지만 어린 시절부터 공장에서 일했다. 그는 학교라고는 4년밖에 다니지 않았지만 소설가를 꿈꾸며 습작하여 투고한 끝에 1836년 그의 첫 번째 책《보즈의 스케치》가 출간되어 소설가가 되었다. 그리고 이듬해에 장편《피크위크 페이퍼스》가 나오고, 이어 나온《올리버 트위스트》가 폭발적인 인기를 끌며 작가로서 그의 위치가 확고해졌다. 그 후《니콜라스 니클비》,《골동품 상점》,《크리스마스 캐럴》,《바나비 러지》,《돔비와 아들》등 장편소설, 중편소설을 발표하며 그의 이름은 더욱 알려지게 되었다. 그리고 공장직공의 파업을 다룬《고된 시기》와 프랑스혁명을 무대로 한 역사소설《두 도시 이야기》, 그리고 자전적인 작품《위대한 유산》은 그의 작가로서의 위치를 더욱 굳건히 해주었다. 그는 영국과도 바꾸지 않는다는 셰익스피어와 대등할 만큼 인지도가 있는 세계적인 작가로 평가받고 있다.

가구점 여직원

그녀는 피츠버그 백화점 가구점 직원으로 앤드류 카네기 어머니에게 친절을 베풂으로써 카네기로부터 철강회사의 가구 등 일체를 주문 받아 백화점 매출신장에 큰 공을 세웠다. 그로 인해 백화점 사장과 동등한 위치가 되었으며, 그 후 백화점 사장이 되었다. 그녀는 친절이 인간관계에 미치는 영향이 얼마나 지대한지를 몸소 보여준 인물이다.

조지 C. 볼트

월도프 아스토리아 호텔 총지배인, 사장을 지냄. 그는 필라델피아 한 산골 호텔직원이었다. 그러던 어느 날 밤 월도프 아스토리아 부부에게 친절을 베풂으로써 발탁되어 뉴욕 월도프 아스토리아 호텔 총지배인이 되었다. 그 후 그는 사장자리에 오르는 등 성공한 입지전적인 인물이다.